JN345142

아직도
**직장생활이
힘드니?**

아직도 직장생활이 힘드니?
36년 차 직장인 선배가 건네는 일과 삶의 지혜

초 판 1쇄 2025년 06월 24일

지은이 안은희
펴낸이 류종렬

펴낸곳 미다스북스
본부장 임종익
편집장 이다경, 김가영
디자인 임인영, 윤가희
책임진행 김요섭, 이예나, 안채원, 김은진, 이예준

등록 2001년 3월 21일 제2001-000040호
주소 서울시 마포구 양화로 133 서교타워 711호
전화 02) 322-7802~3
팩스 02) 6007-1845
블로그 http://blog.naver.com/midasbooks
전자주소 midasbooks@hanmail.net
페이스북 https://www.facebook.com/midasbooks425
인스타그램 https://www.instagram.com/midasbooks

© 안은희, 미다스북스 2025, *Printed in Korea*.

ISBN 979-11-7355-286-1 03190

값 18,500원

※ 파본은 구입하신 서점에서 교환해드립니다.
※ 이 책에 실린 모든 콘텐츠는 미다스북스가 저작권자와의 계약에 따라 발행한 것이므로 인용하시거나 참고하실 경우 반드시 본사의 허락을 받으셔야 합니다.

미다스북스는 다음세대에게 필요한 지혜와 교양을 생각합니다.

36년 차 직장인 선배가 건네는
일과 삶의 지혜

아직도
직장생활이
힘드니?

안은희 지음

미다스북스

출근하며　7

직장생활 시작,
설렘과 두려움이 공존하는 순간

- 1　지금의 나를 만드는 시간　　　　　　　　　13
- 2　신경성 위장병입니다　　　　　　　　　　18
- 3　기네스북 정원이 건넨 조용한 위로　　　　23
- 4　일과 가정의 행복을 지키는 방법　　　　　28
- 5　아들에게 전하는 직장생활의 지혜　　　　33
- 6　남몰래 응원해 주는 사람이 있다는 건　　38
- 7　남자를 닮아갈 필요는 없었다　　　　　　43
- 8　처음의 다짐을 오늘에 새기다　　　　　　48

신입에서 함께
일하고 싶은 동료로

- 1　열정으로 여는 길　　　　　　　　　　　　57
- 2　불편한 목소리에서 길을 찾다　　　　　　62
- 3　될까? 말고, 되게 하자!　　　　　　　　　67
- 4　AI 동료가 온다고 해도　　　　　　　　　72
- 5　협력이 놓은 신뢰의 다리　　　　　　　　77
- 6　고객 만족은 직원의 미소에서　　　　　　82
- 7　대학원으로 이어진 일의 깊이, 오십의 선택　88
- 8　가치를 더하는 차별의 힘　　　　　　　　93

일을 해내는 사람에서, 차이를 만드는 사람으로

- 1 일 위에 쌓이는 태도의 힘 · 103
- 2 실력이 없으면 인맥은 민폐 · 108
- 3 멘토와 꼰대는 한 끗 차이 · 113
- 4 내가 상사를 선택할 수 있다면 · 118
- 5 흑수저팀 VS 백수저팀 · 123
- 6 서로 다른 우리, 함께 일하는 법 · 128
- 7 누군가의 발걸음이 되다 · 133
- 8 나를 넘어 조화를 이루는 시간 · 138

작은 차이를 놓치지 않는, 내공 있는 직장인으로

- 1 일만으론 채워지지 않는 나를 위해 · 147
- 2 작은 습관, 큰 변화 · 152
- 3 시간을 내 편으로 만드는 방법 · 157
- 4 완성을 향한 레이어 · 162
- 5 직장인이 글을 써야 하는 이유 · 167
- 6 일상 속, 쉼표 하나 · 172
- 7 끝까지 걷는 사람의 비밀 · 177
- 8 평생직장을 넘어 나만의 브랜드 만들기 · 182

직장 너머에서, 또 다른 시작을 꿈꾸는 내일로

- 1 먼저 걸은 길, 함께할 시간   191
- 2 바뀐 건 세대가 아니라 시대   196
- 3 마침표가 아닌 느낌표로   201
- 4 성장하는 동안에는 늙지 않는다   206
- 5 무한 비교의 시대를 살아가는 지혜   211
- 6 새로운 여정, 내가 그리고 싶은 사람의 모습   216
- 7 관계를 다시 쓰다   221
- 8 나를 위한 리듬, 나를 위한 걸음   226

퇴근하며   233

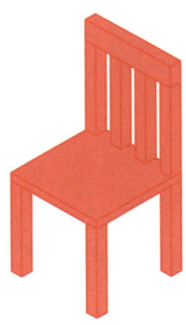

출근하며

먼저 출근한 선배의 마음으로

"경험은 나이 들지 않아요. 경험은 결코 시대에 뒤떨어지지 않죠."

영화 〈인턴〉 속, 열정 가득한 30대 CEO가 70세 인턴에게 건넨 이 한마디는 오래도록 제 마음에 남았습니다. 세대를 뛰어넘어 서로를 존중하고 배려하며 쌓아간 우정은, 나이와 직함을 넘어 함께 일하는 의미를 다시 생각하게 해주었습니다. 영화를 보다가 문득 이런 생각이 들었습니다. '나의 직장생활에도 저런 순간들이 있었을까?' 저 역시 누군가에게 그런 동료였기를 바라는 마음이 듭니다.

말단 공무원으로 시작해 리더가 되기까지, 수많은 사람과 부딪히고 웃으며, 때로는 서운함을 겪으며 지나온 시간이 있었습니다. 겉보기에 안정된 직업처럼 보이지만, 저 역시 매일 치열하게 살아온 직장인이었습니다. 그래서 공직이라는 테두리를 넘어, 누구나 공감할 수 있는 직장인의 이야기를 해보고 싶었습니다.

36년이라는 오랜 시간 속에서 저는 선배가 되었고, 어느새 후배들의 고민을 듣고 조언하는 자리에 서게 되었습니다. 하지만 요즘 선배들은 웬만해서는 말문을 열지 않으려 합니다. 괜한 조언이 '꼰대'로 비칠까 조심스러워지고, 선의가 간섭으로 오해받을까 두려워 거리를 두기도 합니다. '꼰대'와 '멘토' 사이, 그 미묘한 경계에서 고민하는 선배들이 많습니다. 저 역시 그중 한 사람이었습니다.

이 책은 한 사람의 직장 선배로서, 또 인생의 몇 걸음을 먼저 걸어본 사람으로서 후배들에게 전하고 싶은 이야기들을 담고 있습니다. 일을 잘하고 싶은 마음, 좋은 관계를 맺고 싶은 갈망, 그리고 나만의 커리어를 만들고 싶은 꿈까지 직장생활을 하는 누구나 공감할 수 있는 이야기입니다.

저 역시 그런 여정 속에서 부딪히고 깨달은 경험을 차곡차곡 모아 전하려 합니다. 찬란하거나 거창하진 않지만, 작고 현실적인 순간들이 일의 의미와 관계의 지혜, 그리고 삶의 균형을 만들어 간다는 것을 이야기하고 싶습니다. 이 책이 직장생활을 이제 막 시작한 새내기부터 팀을 이끄는 중간관리자, 퇴직을 앞둔 선배들까지 각자의 자리에서 작지만, 따뜻한 방향이 되길 바랍니다.

이 책은 총 다섯 장으로 구성되어 있습니다.

1장에서는, 직장생활의 첫 발걸음을 내딛던 날의 두려움과 설렘, 그리고 현실의 벽을 마주하며 다져온 초심의 힘을 이야기합니다. 편할 줄 알았던 공직은 예상보다 치열했고, 워킹맘으로서의 고충과 여성 리더로서의 도전도 쉽지 않았습니다. 하지만 그 모든 시간을 버티게 해준 건, 처음의 마음이었습니다.

2장에서는, 함께 일하고 싶은 사람이 되기 위한 태도와 자세를 다룹니다. 열정과 긍정, 생각의 전환이 변화를 이끌고, 신뢰와 협력 속에서 진짜 관계가 자랍니다. 배움으로 완성되는 프로정신은 결국 자신만의 차별화된 경쟁력이 됩니다. 자신의 역할에 책임감을 느끼고 성장하는 과정에서 직장인으로서의 가치를 다시 보게 됩니다.

3장에서는, 태도의 미묘한 차이와 말 한마디의 무게, 진정성 있는 관계 속에서 만들어지는 신뢰와 존중을 이야기합니다. 상사, 동료와 함께 고민했던 순간들, 그리고 조직 내에서 조화를 이루는 실질적인 방법을 나누고자 했습니다.

4장에서는, 중요한 습관들이 삶에 주는 영향을 되새겨봅니다. 단순한 반복이 아니라, 의미 있는 성장을 위한 작은 선택들이 결국 나를 바꾼다는 것을 담았습니다. 나만의 브랜드를 만들고 싶은 이들에게도 작지만, 실용적인 영감을 줄 수 있기를 바랍니다.

5장에서는, 퇴직을 앞두고 다시 만나는 '나'에 대해 이야기합니다. 세대 간의 시선 차이를 이해하고, 책 읽기와 글쓰기를 통해 삶의 깊이를 더해갑니다. 인생 2막을 위한 노력, 그리고 비교의 시대 속에서 자신만의 속도로 살아가는 법에 대해 함께 고민하고자 했습니다.

이 책이 직장인으로 살아가는 후배들에게, 조금은 더 가볍고 단단한 마음으로 나아갈 수 있는 따뜻한 이정표가 되기를 바랍니다.

2025년 6월

안은희

(1장)

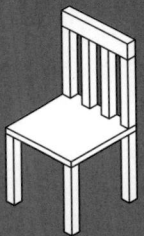

직장생활 시작,
설렘과 두려움이
공존하는 순간

사람들과 어울리고 소통하는 법, 맡은 일을 끝까지 책임지는 태도, 그리고 나 자신을 믿는 용기까지. 모든 시작은 그곳에서였다. 지금의 나를 있게 한 출발점이었다.

1

지금의 나를 만드는 시간

'장정 소포' 하나가, 먼 길을 돌아 다시 나를 그 시절로 데려다주었다.

매일 우편물 작업 현장을 돌며 편지와 소포 처리 현황을 살핀다. 오늘도 작업장엔 절임 배추, 사과, 고구마, 쌀 같은 가을걷이 농산물이 산처럼 쌓여 있다. 주소지를 보니 대부분 도시다. 자녀에게 보내는 부모의 마음이 듬뿍 담겨 있다. 소포가 하루라도 빨리 전해지길 바라며 직원들은 분주히 움직인다.

작업장을 한 바퀴 둘러보고 사무실로 올라가려는 순간, 낯익은 소포가 눈에 들어왔다. 상자에 '장정 소포'라고 적혀 있다. 장정 소포는, 군에 입대한 아들들이 훈련소에서 입었던 옷과 신발을 집으로 보내는 물품이다. 높이 쌓여 있는 소포들 사이로 그 상자를 보는 순간 가슴이 찡했다. 아들을 군대에 보낸 부모들은 그리움과 걱정에 밤잠을 설쳤을 테다. 10

년 전, 큰아들을 군에 보내고 나도 그랬다. 아들 냄새가 사라질까 옷을 빨지도 않은 채 두고 매일 냄새를 맡았던 기억이 생생하다. 소포 하나에도 그리움과 걱정이 얼마나 담겨 있는지 알기에, 나는 장정 소포가 뜯어진 곳은 없는지 꼼꼼히 살폈다. 그리고 부모들이 소포를 신속히 받을 수 있도록 직원에게 특별히 신신당부했다.

장정 소포는 내게 낯설지 않다. 오히려 익숙하고도 애틋하다.
내 첫 발령지가 바로 군사지역인 '강원도 화천군 봉오리'였기 때문이다. 36년 전, 그곳 작은 우체국에서 공직 생활을 시작했다. '다목리', '27사단', '이기자 부대', '대성여인숙'… 이름들이 떠오른다. 전방의 칼바람 속에서도 편지 봉투 하나를 손에 꼭 쥐고 우체국으로 뛰어 들어오던 군인들의 모습이 선하다. 그곳의 겨울은 유난히 춥고 눈이 많이 왔다. 눈이 무릎까지 쌓이던 날, 버스가 운행되지 않아 화천 읍내에서 하룻밤을 보낸 날도 있다.
나의 직장생활은 그곳의 매서운 칼바람과 함께 그렇게 시작되었다. 설레기도 했지만, 타지에서 혼자 살아야 한다는 생각에 무섭고 긴장됐다. 춘천에서 버스를 타고 화천읍에 내렸다. 다시 버스를 갈아타고, 흙먼지가 날리는 꼬불꼬불한 길을 따라 한 시간 넘게 달려 봉오리에 닿았다. 버스가 흔들릴 때마다 내 마음도 이리저리 출렁였다. 버스 손잡이를 꽉 움켜쥐었다.

그곳은 조용한 산골 마을이었다. 마을엔 초등학교, 우체국, 보건소 정도만 있을 뿐이었다. 주말이면 군 면회객들로 동네가 활기를 띠었다. 버스 정거장 근처에는 여관과 식당들이 모여 있었다. 우체국 고객은 마을 주민보다 군인들이 더 많았다. 우체국 예금 우수고객도, 군부대 매점인 PX 물품 판매 대금을 입금하러 오는 군무원이었다. 버스 정류장 맞은편 왼쪽 모퉁이에 있었던 우체국 풍경이 지금도 눈에 선하다.

낯선 풍경만큼이나 내 앞에 놓인 새로운 일도 사람들도 모두 낯설기만 했다. 출근 첫날, 긴장해서 말 한마디 제대로 하지 못했다. 전화 한 통 받는 것조차 떨렸다. 게다가 나를 바라보는 눈빛은 차가웠고, 그 시선이 더 큰 부담으로 다가왔다. 선배들이 당연하다는 듯 해내는 일도 나에겐 버거웠다. 타자 실력이 부족해서 문서 기안지를 몇 번이나 다시 고쳐서 제출했던 날에는 자존감도 바닥을 쳤다. 퇴근 후 혼자 좁은 방에 앉아 '내가 잘할 수 있을까?' 불안해했던 날도 많았다. 하지만 다음 날 아침이면 다시 단정히 복장을 갖추고 우체국 문을 열었다. 하루하루 실수를 줄이기 위해 메모하고, 선배들 일하는 모습을 눈에 담으며 익혀 나갔다. 업무 처리 지침을 집으로 가져와 이불 속에서 손을 호호 불며 몇 번이고 읽고 또 읽었다. 긴장의 끈을 놓을 수 없던 나날이었다.

한밤중 적막한 자취방에서 가끔은 눈물도 흘렸다. 하지만 그 시간 덕분에 '버틴다.'라는 말의 무게를 알았다. 첫 근무지에서의 시간은 내게 삶의 강한 뿌리가 되었다. 직장생활에 필요한 모든 것을 배워나갔다. 사람들과 어울리고 소통하는 법, 맡은 일을 끝까지 책임지는 태도, 그리고 나 자신을 믿는 용기까지. 모든 시작은 그곳에서였다. 지금의 나를 있게 한 출발점이었다.

그 시절, 군인들이 가족이나 연인과 연락을 주고받을 수 있는 수단은 편지와 공중전화뿐이었다. 인근 마을 '다목리'에서 군 생활을 하는 군인들도 우리 우체국으로 편지를 부치러 왔다. 영하 20도가 넘는 날에도, 볼이 빨갛게 언 채로 편지를 부치고 가는 군인들 모습을 보며 생각했다. '집의 따스한 온기와 부모님 정성이 가득한 집밥이 얼마나 생각날까, 친구들이 얼마나 그리울까.' 낯선 타지에서 직장생활을 하는 나처럼, 그들도 집 떠나 외로움과 그리움을 느끼고 있을 것 같았다. 그래서 더욱 친절하게 대해주었다. 군인들의 소중한 마음이 담긴 편지가 길을 잃지 않도록, 정확한 우편번호를 찾아주고 정성스럽게 발송했다.

'장정 소포'가 부모 품에 무사히 닿게 하고 싶은 내 마음은, 어쩌면 그때부터 시작됐던 것 같다. 우체국에서 일하면서, 처음으로 누군가의 하루가 내 손에 달려 있다는 걸 느꼈다. 사람의 마음을 실어 나르는 일을 배웠고, 그 일을 사랑하게 되었다. 그렇게 시작된 공직 생활이 어느덧 37년을 향하고 있다. 그 길이 쉽지만은 않았지만, 나에게 꼭 맞는 옷처럼 느껴지는 길이었다. 흔들릴 때마다 처음을 떠올리며 다시 걷고 또 걸었다.

누구에게나 시작은 낯설고 두렵다. 하지만 그 시간을 정성스럽게 버티고 하루하루를 채워가다 보면, 어느 순간 나도 모르게 단단해진 자신을 발견하게 된다. 그 길을 걸어갈 후배들에게, 이제 막 출발선에 선 누군가에게 말해주고 싶다. 오늘의 하루가, 언젠가 돌아봤을 때 부끄럽지 않은 하루이기를. 그리고 처음을 지켜내며 자기만의 이야기를 만들어 가기를….

2

신경성 위장병입니다

"공무원은 정말 편한 직업일까?"

많은 사람이 공무원은 정년이 보장되고, 때가 되면 승진하며 편하게 일할 수 있는 직업이라고 생각한다. 나 역시 그렇게 믿었다. 비교적 안정된 삶이 펼쳐질 거라 여겼다. 하지만 막상 그 안으로 들어와 보니, 밖에서 보는 모습과는 달랐다. 안정적인 만큼 그에 상응하는 무거운 책임도 따랐다.

공무원 합격 후, 다음날 바로 우리 동네 작은 우체국을 찾았다. 발령을 앞두고 뭐라도 익혀두지 않으면 안 될 것만 같았다. 편지를 보내기 위해 우체국에 몇 번 간 적은 있으나, 정확하게 어떤 일을 하는지는 알지 못했다. 불안했다. 아버지 같은 미소를 머금은 국장님이 차를 한 잔주시며 "걱정할 것 하나 없어요. 잘할 수 있어요."라고 말했다. 그리고 집이 어디인지, 무슨 학과를 졸업했는지 등을 물으며 예비 공무원을 따뜻하게 응원했다.

그러나 겪어 보니, 그 국장님의 말이 전부는 아니었다는 걸 알게 됐다. 우체국 공무원은 다른 일반 공무원이 하지 않는 다양한 일들을 했다. 택배, 예금, 보험, 쇼핑몰…. 여러 가지 업무를 처리해야 하다 보니, 인사이동으로 자리를 옮길 때마다 어려웠다. 생소한 규정과 업무 프로세스, 상품 종류 등을 배우고 익혀야 했다.

고객이 보내는 우편물을 우체국 창구에서 접수하고 배달하는 서비스는 기본 업무였다. 우편 세입 증대를 위해 우체국마다 경쟁하며 마케팅을 했다. 택배 유치를 위해 쇼핑몰 운영업체 사장들을 모시고 물류 설명회도 열었다. 하나의 택배라도 더 받아 오려고 고객의 사업장에 가서 물건을 포장해 주고 픽업한 적도 있다. 친구와 친척들에게 예금과 보험 가입을 권유하고 부탁했다. 설, 추석 명절에는 우체국 쇼핑 실적을 올리기 위해 분주했다. 직원과 함께 김 상자를 우편 차에 가득 싣고 홍보하기도 했다.

일반적으로 공무원은 국민이 낸 세금으로 봉급을 받는다. 그러나, 우체국 공무원은 자체 사업 수익으로 직원들의 봉급과 비용을 충당한다. 특별회계로 운영되기 때문이다. '일반회계'는 조세수입으로 재원을 마련

한다. 하지만 '특별회계'는 양곡, 조달 등과 같이 재원을 자체 충당한다.

지금도 가끔 묻는 사람이 있다. "어머, 우체국도 공무원이었어요?" 공무원이 뭐 하러 힘들게 상품까지 팔러 다니냐고, 공무원이 왜 그렇게 열심히 하냐고.

우편 물량이 해마다 감소하고 있다. 2010년 44억 통에서 2018년 30억 통으로 줄었고, 2025년에는 21억 통을 넘지 않을 것으로 보인다. 정보통신기술의 발달, 특히 이메일과 모바일 메신저의 확산으로 우편물이 전자고지로 전환되고 있기 때문이다. 누군가에게 편지를 써서 부쳐 본 지 오래됐을 것이다. 그런데 우편물이 감소해도 인건비는 줄이기 쉽지 않다. 1인 가구 증가로 배달해야 할 거점은 오히려 늘고 있기 때문이다. 도서·산간 지역에 배달할 우편물이 한 통이라도 있으면 집배원이 배달을 가야 한다. 그래서 우체국을 총괄하는 '우정사업본부'는 우편 사업의 적자를 보전하기 위해 우편 사업을 다양화하고, 비용 절감을 위해 노력하고 있다.

우정사업본부에서 '우편 수지'를 맡고 있던 때였다. 수지 적자를 개선하기 위해 우편요금 인상을 추진했다. 요금 인상 과정은 쉽지 않았다. 국회와 기획재정부 등 관계 기관에 제출하고 설명할 많은 자료를 준비했다. 우편 사업의 수익과 비용 현황, 요금 인상 필요성, 그리고 경영개선을 위한 실행계획 등 수많은 자료를 밤늦게까지 작성해야 했다. 이 과정은 무려 7개월이나 걸렸다.

그 와중에 시아버님께서 돌아가셨다. 깊은 슬픔에 잠긴 채, 아버님을 보내드려야 할 그 순간에도, 내 손엔 휴대폰이 들려 있었다. 사무실과의 전화 통화로 분주한 탓에 아버님께 온전히 집중하지 못했다. 그때의 마음과 슬픔을 충분히 표현하지 못한 것 같아, 아직도 마음 한편에 죄송함이 자리하고 있다.

공무원은 늘 부담감과 책임감을 안고 근무한다. 국민의 삶에 직접적인 영향을 미치는 중요한 정책과 행정업무를 수행해야 한다. 그 과정에서 발생하는 갈등이나 문제들을 해결해야 하는 일도 공직자의 몫이다. 작은 실수 하나가 큰 사회적 문제로 이어질 수 있어 스트레스도 크다. 또한 높은 도덕성과 봉사 정신 등 사회적 기대에 따른 심리적 압박감을 느낀다. 중앙부서와 일선 현장에 따라 다르지만, 일부 부서나 특정한 시기에는 과중한 업무와 야근을 감수해야 하기도 한다. 또한, 인사이동에 따라 근무지를 옮겨야 하는 부담도 크다. 나는 강원도에서 첫 발령을 받고, 서울, 경기, 충청 그리고 경상도에서 근무했다. 그중 일부는 내가 도전을 위해 스스로 선택한 길이었지만, 공무원의 특성상 이동이 필요한 때도 있었다. 그 과정은 적응과 극복의 연속이었다. 관사에서 혼자 살 때다. 늦게 퇴근하는 날, 우체국 2층 관사 현관문을 열고 들어가는 순간이 가장 싫었다. 바람에 흔들리는 낙엽 소리에도 등골이 오싹했다. 늦은 밤, 달그락대는 문소리에 불을 켜고 밤을 지새워야 하는 날도 있었다. 그런 날은 아침 해가 떠도 밖으로 나가기가 무서웠다.

근무하는 동안 정기적으로 찾아온 반갑지 않은 손님이 있었다. 신경 쓰고 스트레스를 받는 날에는 어김없이 속이 쓰리고 신물이 올라왔다. 머리까지 아프고 속도 울렁거렸다. 병원에 가면 의사의 말은 항상 같았다.

"신경성 위장병입니다."

어떤 일이든 겉으로 보기와 달리 그 안에는 저마다의 무게가 있다. 공직도 마찬가지다. 수많은 선택 앞에서 흔들렸고, 막중한 책임 앞에서 때로는 버거웠다. 하지만 그 무게를 감당하며 최선을 다할 때, 비로소 보람과 배움이 따라왔다. 중요한 건, 일이 편하냐 힘드냐가 아니라 그 일이 나를 성장시키고 있는지, 내가 가치 있는 길을 걷고 있는지다. 그리고 그 길을 통해 사회에 긍정적인 변화를 만들어 가는 것, 그것이야말로 공직자로서 우리가 추구해야 할 진정한 의미다.

3

기네스북 정원이 건넨 조용한 위로

"이곳이 정말 내가 근무할 곳이라고?"

지금도 그날을 떠올리면 가슴이 벅차다. 하늘 아래 거대한 정원이 펼쳐졌다. 바람은 허브향을 실어 나르고 알록달록 꽃들은 반갑게 인사를 건넸다. 넝쿨에는 과일이 주렁주렁 달려 있었다. 이런 아름다운 정원이 있는 청사에서 근무하게 된다니…. 매일 정원 한 바퀴를 산책할 생각에 마음이 설렜다. 두 주먹을 꽉 쥐며 새 출발에 대한 의지를 다졌다. 이 아름다운 순간 뒤에, 고된 시간과 값진 성장이 함께할 줄은 몰랐다.

2016년, 우체국 본부인 '우정사업본부'로 발령이 났다. 좀 더 넓은 무대에서 일해보고 싶어 도전했다. 말로만 듣던, 정부세종청사 옥상 정원을 밟을 수 있었다. 정부세종청사 옥상 정원은, 축구장 11개를 합친 크기다. 세계에서 가장 큰 옥상 정원으로 2016년 기네스북에 등재되었다. 크기 7만 9,194㎡, 길이 약 3.6㎞에 달하는 규모로 정원 한 바퀴 도는 데 1시간 30분 걸린다. 세종청사에 있는 각 부처의 건물을 연결하여 수평 구조의 옥상을 정원으로 만든 것이다. 조선시대에 성곽을 돌며 성 안팎을 둘러보는 '순성 놀이' 개념으로 설계했다고 한다. 계절에 맞는 나무와 식물을 심어 사계절 다른 풍경을 볼 수 있고, 시민들도 관람할 수 있다.

우정사업본부는 서울 광화문에 자리하고 있다가 2014년에 세종청사로 이전한 정부 기관이다. 체신부와 정보통신부를 거쳐 여러 정부 조직 개편을 통해 현재 과학기술정보통신부 소속이 되었다. 2000년 7월에는 보다 자율적이고 책임 있는 경영을 위해 정보통신부 산하 '우정사업본부'로 독립 출범했다.

정부세종청사에는 우정사업본부를 비롯하여 국무조정실, 기획재정부, 교육부, 국토교통부 등 26개 기관이 있다. 우정사업본부는 지방우정청과 전국의 우체국을 총괄하고 우편 서비스와 예금 · 보험 금융서비스를 제공한다. 본부 산하에 직할 관서 3개와 9개의 지방우정청이 있다. 지방우정청 아래 3,300여 개 우체국이 있으며, 총 4만여 명이 근무하고 있다.

서울 집에서 세종청사까지는 버스로 왕복 4시간 이상 걸렸다. 매일 출퇴근했다. 통근버스를 타기 위해 새벽 5시에 일어났다. 퇴근 후 세종에서 서울 집에 도착하면 저녁 10시가 되었다. 새벽에 일어날 부담 때문에 밥 한 숟가락 뜨고 잠자리에 들기 바빴다. 집에 오지 못하는 날에는 세종에 있는 공무원 일일 임대 숙소에서 묵기도 했다. 하지만, 가족을 보면 다음 날 다시 출근할 힘이 나서 아무리 늦어도 서울 집으로 가는 길을 택하곤 했다. 통근버스 안에서 시간을 활용해 보려고 책도 읽고 온라인 강의도 들어봤지만, 집중도 안 되고 눈도 아팠다. 게다가 잠도 오지 않았다. 장시간 출퇴근이 이어지며 허리와 다리가 아프기 시작했다. 몸을 이리저리 돌려 앉아봐도 통증이 계속될 때는 서서 가보기도 했다. 점점 내 가방은 목베개, 등받이, 담요 등으로 채워지기 시작했다. 하지만, 2년간의 장거리 출퇴근을 결국 접을 수밖에 없었다. 버스에서 한 시간도 앉아 있기가 힘들 만큼 허리 통증이 심했다. 어쩔 수 없이 세종청사 근처에 원룸을 얻어 주말부부 생활을 시작했다.

세종청사 옥상 정원 풍경은 발령받던 그날이 가장 아름다웠다. 정원의 꽃과 나무들은 언제나 그 자리에서 계절마다 아름다운 빛깔을 뽐냈지만 내 마음은 그렇지 못했다. 그 후에 내가 정원을 찾은 날은, 보고서가 제대로 써지지 않는 날, 다른 사람으로 인해 마음을 다쳤을 때, 허리 통증으로 책상에 앉아 있지 못할 때였다. 청사 옥상 정원의 꽃들은 더 이상 아름답게 느껴지지 않았다. 햇살이 눈부시고 하늘이 유난히 맑은 날이면, 오히려 마음이 울적했다. 가족과 집에 대한 그리움이 커졌다. 내 마음이 평온하지 않으면 세상 어떤 아름다운 꽃도 눈에 담기지 않고, 그 빛을 잃어버리게 됨을 알았다.

본부 근무는 녹록지 않았다. 우체국 업무와 확연히 달랐다. 우체국은 고객들에게 우편과 금융서비스를 제공하고 사업 목표 달성에 집중했다. 반면, 본부는 정책을 기획하고 새로운 제도를 만들어 현장에 보급하는 역할을 했다. 전국 우체국의 인력과 예산, 실적 등을 총괄했다. 국회 관련 업무와 타 기관과의 협력도 맡아 수행해야 했다.

본부 근무 직원은 전국 단위의 엄격한 평가 과정을 통해 선발했다. 본부 내에서 부서를 옮길 때도 개인의 역량을 철저히 검증받아야 했다. 일명 '드래프트(draft) 제도'다. 드래프트 제도는 특정 직무나 역할에 적합한 인재를 선발하는 과정이라고 하지만, 정작 그 선택을 기다리는 사람에게는 부담과 긴장감으로 다가왔다. 그런 긴장과 압박감을 버티지 못하고 스스로 현업 관서로 내려가는 이들도 있었다.

본부 근무는 내게 쉼 없이 도전과 노력을 요구하는 자리였다. 하지만 내 성장의 터전이었다. 2021년에 서기관으로 승진하면서 정부세종청사에서의 근무를 마무리하고 우체국장으로 발령받았다. 본부가 세종시로 이전하기 전까지, 광화문에서 근무한 시간을 포함해 총 15년 4개월을 본부에서 보냈다.

그래도 옥상 정원은 매일 내게 조용한 위로와 따뜻한 쉼을 건네준 곳이다. 바쁘고 긴박했던 본부 생활을 견디는 데 큰 힘이 되어 준 소중한 공간이었다.

쉽게 얻을 수 있는 장밋빛 미래는 없다. 고통 없이 맛볼 수 있는 달콤한 열매도 없다. 그래서 더 값지고, 그래서 더 오래 남는다. 직장생활 하다 보면 힘든 날도 있겠지만, 그 시간을 지나며 우리는 조금씩 성장한다. 조금씩 빛나는 사람이 되어간다. 오늘의 작은 수고들이 언젠가 나를 지탱해 주는 힘이 되어 줄 테니, 조급해하지 말고 하루하루를 차곡차곡 쌓아가면 좋겠다.

4

일과 가정의 행복을 지키는 방법

매일 숙제하듯 살았다. 숨 돌릴 틈 없이 바빴고, 앞만 보고 달려왔다. 직장에서 인정받고 싶었다. 그러다 보니 늦은 퇴근도 익숙해졌고, 집에 와서도 머릿속은 온통 일 생각뿐이었다. 쉬는 날조차 마음이 편치 않았다. 특히 워킹맘으로서 승진의 문턱을 넘기까지는 수많은 인내가 따라야 했다. 집에서는 약한 모습을 보이지 않으려고 애썼다. 완벽한 엄마가 되려고 노력했다. 그 과정에서 내 몸도 마음도 속으로 천천히 타들어 갔다.

아이 둘은 강원도에서 시부모님의 손에 자랐다. 아이들이 초등학교 들어갈 때까지 7년 동안 주말마다 서울에서 애들을 보러 갔다. 일주일 동안 엄마의 정이 간절했을 아이들에게 온 정성과 힘을 쏟았다. 놀이기구 타기, 책 읽어주기, 자전거 타기, 간식 만들어 주기…. 마치 밀렸던 숙제를 하듯이 다 해주고 싶었다. 아이들과 보낼 땐 힘든 줄 몰랐는데,

일요일 저녁 서울로 올라올 때는 몸이 천근만근 무거웠다.
아이들을 시댁에 다시 떼어 놓고 돌아설 때, 대문 밖까지 울려 퍼지던 두 아이의 울음소리가 지금도 귀에 쟁쟁하다. 기차역까지 오는 내내 택시 안에서 손수건으로 입을 틀어막고 흐느꼈다. 아이들과 헤어져 있던 7년 동안 애들도 울고 엄마도 함께 울었다. 서울로 가는 마지막 기차를 타고 청량리역에서 다시 지하철을 갈아타고 남영역에 내리면 밤 12시가 다 되었다. 눈꺼풀은 반쯤 내려앉고, 다리 힘이 풀려 걷기 힘들었다. 겨울이면 일찍 저무는 해가 마음을 더 깊이 드리웠다. 집에 들어서면 서늘한 냉기가 돌았다. 주말 내내 비어 있던 방에 온기가 돌기까지는 시간이 꽤 걸렸다. 추위를 참을 수 없어서 이불을 뒤집어쓰고 헤어드라이어로 따뜻한 바람을 쐬며 온기를 느꼈다.

남편의 근무지를 따라 강원도에서 서울로 내 근무지를 옮겼으나, 복잡한 서울 생활은 쉽지 않았다. 콩나물시루처럼 빽빽한 버스 안에서 천장에 매달린 손잡이에 의지한 채 한 시간 출퇴근길을 버텼다. 몸이 서서히 신호를 보냈다. 병원에서 허리디스크 진단을 받았다. 참고 버텼다. 직장에 빠질 수 없었고, 아이들 보러 가는 것도 멈출 수 없었다. 그 통증을 오랫동안 참고 참다가 결국 재작년에 허리디스크 수술을 받았다. 돌아보면, 일에 집중하느라 내 몸과 마음을 돌보지 못했던 순간들이 떠오른다. 일과 가정, 그 둘 사이의 균형을 조금 더 살폈더라면 좋았겠다는 아쉬움도 남는다.

하지만, 길게만 느껴졌던 시간도 돌아보면 순식간이었다. 지칠 때도 많았지만, 보람되고 가슴 벅찬 순간들도 함께했다. 나는 직장에서 인정받아 책임 있는 자리까지 오를 수 있었고, 두 아들은 어느새 성인이 되었다. 아이들이 스스로 자기 몫을 충분히 해내며 인생을 개척해 나가고 있다. 그 모습을 보면 보람과 믿음이 생긴다. 월급날이면 엄마 아빠한테 맛있는 저녁을 사며, 부모님께 음식을 대접할 수 있어 행복하다고 말하는 모습이 참 대견하다. 아이들은, 아빠 엄마가 일과 가정을 모두 지키며 성취하는 모습을 보며 자랐다. 어려운 상황에서도 포기하지 않고 노력하는 삶의 태도와 가족의 의미를 깊이 깨닫고, 소중한 배움을 얻었을 거라 믿는다.

둘째 아이가 초등학교 2학년 때 겪었던 사고가 떠오른다. 퇴근 무렵 한 통의 전화가 걸려 왔다.

"안녕하세요, 저는 바른정형외과 병원 원장입니다. 아이가 혼자 병원에 왔는데요, 골절이네요."
믿을 수 없어서 물었다. "우리 애가요? 선생님, 아이 이름이 뭔데요?"
"동민 어머니 아니세요? 자전거 타다 넘어졌다고 하더군요. 깁스해서 잘 보냈으니 당분간 왼쪽 팔은 쓰지 말게 해주세요. 그리고 병원비는 지나가는 길에 가져다주시면 됩니다. 아파트 단지 상가에 있는 병원 아시죠?"

그날은 중요한 미팅이 있었다. 월 10만 통의 소포를 보내는 고객을 유치하기 위해 업체 대표와 만나기로 한 날이다. 세 시간 동안 소포 요금을 협상하고 픽업과 배달 조건을 조율했다. 그때 월 10만 통은 우리 우체국의 실적을 크게 좌우할 만큼 막대한 물량이었다. 퇴근해서야 아이 얼굴을 볼 수 있었다.

"왜 엄마, 아빠한테 전화 안 했어? 엄마 사무실 번호 적어줬잖아."
"엄마 아빠는 바쁘잖아."

아이에게 눈물을 보이지 않으려 애썼다. 바쁜 엄마와 아빠를 생각해주려 했던 아이의 마음과 행동이 짠했다.

그렇게 아이들은 어린 시절부터 스스로 상황을 해결해야 하는 일들을 자주 겪었다. 그 덕분에 아이들은 문제를 해결하는 힘과 책임감을 자연스럽게 키워갔다. 그때 어린아이가 혼자 병원에 갔던 사건도, 이제는 그저 지나간 에피소드로 웃으며 회상할 수 있는 추억이 되었다. 돌이켜보면, 우리가 가끔 나누는 과거의 고군분투는 그저 힘들었던 시절의 이야기가 아니다. 그것은 지금도 우리 가족을 지탱해 주는 힘이자, 서로를 이어주는 고리다. 그래서 우리는 어떤 어려움 앞에서도 함께 견뎌낼 수 있다고 믿으며, 각자의 자리에서 최선을 다한다.

　바쁜 하루하루 속에서도 일과 가정을 함께 지켜낸다는 건 쉬운 일이 아니다. 그러나 어느 순간, 그렇게 지켜낸 시간이 결국 우리에게 큰 힘이 되어 준다는 걸 문득 깨닫는다. 그 균형을 향해 나아가는 노력 속에서 조금씩 단단해진다. 일도 가정도 모두 내 삶의 소중한 일부임을 기억하며 오늘도 그 안에서, 나만의 속도로 조금씩 성장해 가면 좋겠다.

5

아들에게 전하는 직장생활의 지혜

아들은 구청 공무원이다.

아들이 합격했다고 문자 보낸 날, 짙은 남색 양복을 빼입고 첫 출근하던 날, 내 마음은 기쁘기도 했지만 복잡했다. '아들이 어느새 어엿한 사회인으로 발을 내딛다니….' 출근 첫날, 엘리베이터 앞까지 나가 아들을 배웅했다. 엘리베이터 문이 닫히는 순간까지 바라보려 했지만, 끝내 눈을 마주치지 못한 채 급히 고개를 돌렸다. 아들 운동회 날도 그랬고, 졸업식 날도 그랬다. 기쁜 날인데도 왜 그렇게 눈물이 쏟아지는지…, 그럴 때마다 나 자신을 탓하며, 내가 유난히 눈물이 많은 사람이라 여기곤 했다.

출근하는 자식을 보고 드는 마음이 모든 엄마에게 비슷할 것이다. 하지만 직장생활을 오래 한 나에게는 걱정과 기대, 그리고 응원이 더욱 깊이 뒤섞였다. '아들이 공직문화에 잘 적응할 수 있을까, 직장생활 하면서 스트레스 받으면 어쩌지?' 하는 걱정이 앞섰다. 특히 공직자의 길은, 남다른 사명감이 필요하고 그 무게가 크다는 것을 나는 잘 알기 때문이다.

아들이 엄마와 같은 공직자의 길을 선택했다고 한 날, 아들을 꼭 껴안았다. 아들이 엄마의 삶과 가치관을 이해하고 존중한다는 의미일 거라는 생각에 뿌듯했다. 엄마가 아들에게 공직자로서의 긍정적인 영향을 미쳤다고 생각하니 내 일에 한층 더 보람과 사명감을 느꼈다.

직장생활 하면서 익힌 노하우를 아들에게 알려줄 생각에 밤잠을 설쳤다. 아들이 퇴근해서 저녁을 먹고 나면 바로 멘토 자세로 돌입했다. 보고서 작성법, 상사에게 보고하는 방법, 국가법령정보센터 보는 방법, 공무원 복무규정…. 직장에서 가장 힘든 것이 일보다 관계라는 점과 대처 방법도 빼놓지 않았다. 아들은 "공무원이 내 적성에 맞는 것 같아요. 매일 시험공부만 하다가 할 일이 생기니 사람 사는 것 같아요." 하며 들떠서 출근했다. 하루는 현관문을 급히 들어서며 "엄마, 엄마!" 불렀다. 채 벗지 못한 신발 한 짝이 거실 바닥으로 뒹굴었다.

"우리 과장님이 나 신입 같지 않대. 일머리 있다고 칭찬하셨어. 그래서 뭐라고 했는지 알아?"

"뭐라고 했는데?"

"우리 집에 과장님을 한 분 더 모시고 산다고 했지." 하고 씩 웃었다.

그 능청에 우리 가족은 한바탕 웃고 말았다. 아들이 공직 생활에 잘 적응하고 있는 것 같아서 다행이라 생각했다. 그러나 한편으로는 '아직 갈 길이 먼데, 이제 시작일 뿐인데…' 하는 염려의 끈을 놓을 수 없었다. 부모이자 선배로서, 아들이 직장생활을 이렇게 했으면 한다.

첫째, 명확한 목표와 가치관을 가졌으면 좋겠다.
직장에서의 성공과 만족은, 무엇을 목표로 삼고 있는지, 그리고 그것이 자신이 추구하는 가치와 얼마나 일치하는지에 따라 결정된다. 어떤 사람은 목표를 빠른 승진과 영향력 같은 외적인 성취에 둘 수 있다. 또 다른 사람은 가족, 건강, 워라밸 같은 내적 만족감에 둘 수 있다. 중요한 건, 진정한 성공은 자신의 가치와 목표를 성취하는 데서 비롯된다. 나중에 부러워할 만한 높은 위치에 오르더라도, 그것이 내가 생각하는 내면의 가치와 일치하지 않으면 진정한 성취감을 느끼기 어렵기 때문이다. '나는 무엇을 중요하게 생각하는가?', '내가 행복하고 충만함을 느끼는 순간은 언제인가?' 같은 질문을 자신에게 자주 해봐야 한다. 자신의 가치가 명확하다면 그 가치를 실현하기 위해 나아가면 된다. 승진이 나의 목표이자 가치관이라고 생각한다면, 이를 성취하기 위해 맡은 업무에 탁월한 성과를 내면 된다. 또한 평판 관리를 위해 노력하면 된다. 가족과의 시간이 중요하다는 가치관을 가졌다면, 야근을 줄이고 가족과 함께하는 시간을 늘릴 방법을 찾으면 된다.

둘째, 내가 맡은 업무에 대해서는 전문성을 갖추고, 자기 계발을 꾸준히 했으면 좋겠다.

공무원은 정책을 수립하고 실행하는 과정에서 중요한 역할을 맡고 있다. 그래서 업무에 대한 깊이 있는 이해와 전문지식이 필요하다. 예를 들어 업무 관련 법률에 대한 지식이 있어야 올바른 정책을 만들 수 있다. 국민에게 일관된 적용을 할 수 있다. 특히, 기술의 발달과 사회 트렌드가 급변하는 요즘, 변화에 신속하게 대응하려면 전문지식을 쌓아야 한다. 내 일에 전문성이 있다는 건, 더 큰 신뢰와 기회를 얻는 길이다. 항상 세상의 변화에 눈을 뜨고, 자기 계발을 멈추지 않는 열린 자세를 갖기를.

셋째, 일과 삶의 균형을 이루는 직장생활을 했으면 한다.

일에만 몰두하다 보면 번아웃에 빠지기 쉽다. 반대로 개인적인 즐거움과 휴식만을 추구하다 보면, 직장에서의 성취감을 느끼기 어렵다. 하지만, 워라밸이 승진을 포기하거나 건강과 행복을 포기하는 극단적인 선택을 의미하지는 않는다. 일과 삶의 균형을 잘 유지하면 더 건강하고 행복하게 일할 수 있다. 장기적으로 더 많은 성취를 이룰 수 있다. 이 두 가지가 조화를 이룰 수 있도록 효율적인 시간 관리와 운동, 취미활동도 놓치지 않길 바란다.

넷째, 자신을 진심으로 사랑하며, '나'를 중심에 둔 삶을 살아가길 바란다.

스스로를 돌보는 일은 자존감과 정신적 안정감을 키워준다. 업무에 몰입할 수 있는 든든한 바탕이 되어 준다. 마음의 중심을 나에게 둘 때, 어떤 어려움에도 흔들리지 않는 힘이 생긴다. 나 자신을 믿고 아끼는 마음, 그리고 공직자가 지녀야 할 책임감을 함께 지니며 자신의 길을 꿋꿋이 걸어가길 바란다.

이 네 가지는 공무원 초년생 아들에게 전하는 조언이지만, 오랜 기간 직장생활을 하며 몸으로 익힌 실전 지혜이기도 하다. 돌이켜보면 일에도, 삶에도 정답은 없었다. 다만 분명한 것은, 자신의 중심을 잃지 않을 때 비로소 일도 삶도 조금씩 제자리를 찾아간다는 것이다. 부디, 이 글을 읽는 모든 직장인에게도 그 작고 단단한 중심이 오래도록 지켜지길 바란다.

6

남몰래 응원해 주는 사람이 있다는 건

"엄마는 좀 어떠세요?"

"우리 딸이 우체국장님이에요. 국장님… 이 말만 매일 중얼중얼 하세요. 식사는 거의 못하시고요." 요양보호사와 내가 나누는 대화를 들었는지 엄마의 눈동자가 미세하게 움직인다. 엄마는 의식이 또렷하지 않아 내 얼굴을 알아보진 못한다. 그러나 셋째 딸 목소리만큼은 기억 속에 잡아 두려 애쓰는 듯하다.

나는 늘 엄마의 자랑거리였다. 대학에 입학한 날도, 공무원이 됐을 때도, 엄마는 대문 밖에 의자를 놓고 지나가는 사람에게 말을 걸었다. 그리고 슬며시 내 자랑을 덧붙였다. 엄마의 얼굴에 번진 자랑스러운 미소가 아직도 눈에 선하다. 자식이 제 길을 잘 걸어가고 있는 모습을 보며 엄마는 힘들게 살아온 세월을 보상받는 듯 뿌듯해했다.

그런 엄마에게, 나는 늘 손님이었다. 10년 전 아버지가 돌아가신 후, 엄마는 고향 집에서 혼자 살았다. 우리 다섯 남매에게 아침저녁으로 전화했다. '두 분이 같이 계시다가 혼자가 되니 외로워서 그러겠지, 시간이 흐르면 괜찮아지겠지.'라고 생각했다. 그런데 "오늘 좀 와서 자면 안 돼? 저녁마다 무서워서 그래. 혼자 먹으니까, 밥맛도 없어." 엄마는 더 자주 전화했다. 오빠가 안 된다고 하면 차례대로 딸들에게 물어봤다. 다들 사정이 있어 안 된다고 하면 마지막으로 서울에 있는 나에게 전화했다. "엄마, 언제까지 그럴 거야? 입맛이 없어도 자꾸 먹으려고 노력해야지. 오빠와 언니가 매일 갈 수도 없잖아. 다들 바쁘게 사는데. 집에만 계시지 말고 노인정이라도 좀 가봐요." 엄마는 더 이상 말을 하지 않고 전화를 끊었다.

가끔 친정에 가는 날엔 "아휴, 냉장고 안이 이게 다 뭐야, 이건 또 언제 해놓은 거야? 한꺼번에 많이 만들지 말고 조금씩 먹을 만큼만 해 드시라고 했잖아." 나는 냉장고 안에 있는 것을 다 헤집어 보고 쓰레기통에 버렸다. "그건 왜 버려? 나중에 내가 먹을 거야." 엄마가 하는 말을 듣는 둥 마는 둥 물건들을 주방 바닥에 마구 늘어놓았다. 엄마는 한참 그것들을 바라보다가 조용히 거실 소파로 돌아가 TV를 켰다. 냉장고 안을 청소한 뒤, 옷걸이에 걸려 있는 엄마 옷가지와 수건들을 세탁기에 돌렸다. 그다음엔 윙윙 소리를 내며 안방, 거실, 주방으로 청소기를 끌고 다니며 치웠다. "아휴, 그만두래도 그러네, 이쪽으로 와서 나하고 얘기나 좀 하자." 엄마는 나에게 앉으라고 재촉했다. "내가 왔을 때 해놓고 가야지. 엄마가 어떻게 해요."

어쩌면 엄마와 함께 얘기하는 것이 더 힘들어서 피하려 했는지도 모른다. 엄마는 5년 전부터 잘 듣지 못했다. 보청기를 해 드렸지만, 자꾸 뺐다. 윙윙거려 답답하다고 했다. 엄마가 귀가 잘 안 들리니, 대화하려면 평소보다 훨씬 큰 목소리를 내야 했다. 같은 말을 두세 번 크게 하니 내 목도 아팠다. 보청기가 불편하다고 말한 지는 한참 된 듯하다. 언제부터인지 기억나지 않는다. 보청기를 해드렸으니 자식 역할은 다 끝났다는 듯이 모두 외면했다. 병원에 모시고 가서 의사에게 물어보는 일조차 하지 않았다. 그 사이 엄마는 얼마나 답답하고 고통스러운 시간을 보냈을까?

쌀쌀맞은 딸에게 저녁 잠자리를 펴주면서 "이 이불은 냄새 안 나. 너 오면 깔아주려고 빨아 뒀어." 엄마는 혹여 이불에서 냄새라도 나지 않을까 걱정돼 딸 눈치를 봤다. 밥상에 내놓는 반찬이 변변치 않다며 미안해했다. 엄마에게 나는 딸이 아니라, 늘 조심하고 신경 써야 하는 손님 같았다.

그로부터 한 달 뒤, 엄마는 집에서 넘어지셨다. 다리 골절과 뇌출혈이 온 엄마를 모시고 병원에 다녔지만 끝내 요양원으로 모실 수밖에 없었다. 요양원에 들어간 지 며칠 지나지 않아 안면마비가 와서 제대로 식사도 할 수 없게 되었다. 요양사가 코에 콧줄을 삽입하고 음식을 공급했지만, 엄마는 콧줄을 자꾸 뺐다. 그때마다 엄마 손을 묶은 끈은 점점 짧아졌다. 더는 안 된다는 걸 아셨나 보다. 안간힘을 쓰던 엄마 손이 힘을 잃었다. 체념한 듯. 그 후로는 계속 잠만 잤다. 점점 엄마의 종아리는 가늘어지고 굳어서 펴지지 않았다. 그렇게 엄마는 5년 동안 꼼짝없이 침대에 누워 지내야만 했다.

재작년 겨울에 엄마가 우리 곁을 떠났다. 그해 겨울은 살을 에는 듯 추웠고 유난히 길게 느껴졌다. 엄마를 자주 찾아뵐걸…. 그때 엄마 손을 한 번이라도 더 잡아 보지 못한 게 두고두고 후회로 남는다.

"요양원에 계시더라도 엄마가 있다는 것만으로 좋은 거야."라고 말하던 주위 사람들의 말을 들었어야 했다. 나는 오랫동안 엄마의 외로움에 눈감았다. 엄마에게 잔소리하지 말고, 외로움에 떨었던 엄마의 말동무가 되어 드렸어야 했다. 돌아가시기 직전, 마지막 힘을 다해 내 손을 꼭 잡아주던 엄마의 통통 부은 손을 잊을 수 없다.

우체국장으로 승진하면 취임식장 맨 앞자리에 엄마를 모시겠다고 약속했었다. 남들이 유별나다고 해도 엄마가 바라던 딸의 모습을 가까이서 보여주고 싶었다. 그러나 난 그 약속을 지키지 못했다. 엄마는 하늘나라에서도 뿌듯한 표정으로 '우리 딸이 우체국장님이에요.'라고 말씀하실 것 같다.

"엄마, 죄송하고 사랑해요. 엄마를 생각하며 더 자랑스러운 우체국장이 될게요."

엄마는 내 삶의 뿌리였고, 언제나 조용히 나를 지탱해 주던 존재였다. 엄마의 사랑과 응원이 있었기에 내가 여기까지 왔고, 내 역할을 다할 수 있었다. 그 소중함을 미처 몰랐던 시간을 떠올리면 마음 한편이 저릿하다. 누구에게나 보이지 않는 곳에서 묵묵히 응원해 주는 사람이 있다. 내게 그 한 사람은 엄마였다. 우리는 각자의 자리에서 누군가의 자랑이 되어 살아가고 있다. 그 시작이 되어 준 존재를 잊지 말아야겠다.

7

남자를 닮아갈 필요는 없었다

"국장 나오라고 해, 국장!"

민원인들이 하루에도 열두 번 애타게 찾았던 그 이름, 국장. 그래서 국장은 힘이 센 줄 알았다. 우체국장이 되면 힘과 권한이 무한대로 있을 줄 알았다. 그 자리에 오르면 이제 좀 편해질 줄 알았다. 그런데 막상 국장이 되어보니, 가장 먼저 다가온 건 힘이 아니라 무게였다. 권한보다 책임이, 명예보다 부담이 더 컸다. 2021년, 4급 서기관으로 승진하여 대구로 발령받았다. 차에 가득 실린 살림살이만큼이나 내 마음도 무거웠다.

'기관장이 된 나, 여성으로서 과연 잘 해낼 수 있을까?'

초등학교 시절, 나는 부반장을 여러 번 맡았다. 6학년 때는 전교 부회장이 되었다. 당시에는 남학생이 반장과 회장을, 여학생이 부반장과 부회장을 맡는 일이 당연하게 여겨졌다. 나도 그 역할 분담을 자연스레 받아들였다. 남자가 리더가 되고 여자는 보조 역할을 맡는 것이 사회적 규범처럼 굳어 있던 시절이었다.

그 생각은 내가 사회에 나와 공직에 첫발을 내디뎠을 때까지도 다르지 않았다. 1990년 우체국 문을 열고 들어서는 순간부터 '여자 직원'으로 낯설게 받아들여졌다. "여자는 안 받으려고 했는데…." 불편함을 노골적으로 내비치는 말을 예사로 받아들여야 했다. 여성에게 주어지는 역할도 승진도 제한적이었다. 주요 보직에 가기 어려웠다. 내가 9급 행정서기 때 승진할 차례였지만 한번 밀렸다. "상급 관서로 데려가기 위해 남자 직원을 먼저 승진시켰다."라고 했다. 여자와 남자가 똑같이 경쟁하고 일로 평가받기 쉽지 않은 출발이었다. 근무하는 동안, 여성이라는 이유로 불편함을 느끼지 않았다고 하면 거짓말일 것이다. 일과 가정의 양립에 대한 인식이 부족했던 때라 워킹맘에 대한 배려도 부족했다. 권위적인 조직에서 여성이라는 편견을 깨기 위해 한 발짝 더 움직여야 했다. 일부러 중성적으로 보이려고 애쓴 적도 있다.

서기관으로 승진해서 가게 된 동대구우체국장, 1971년 개국 이래 그 우체국의 최초 여성 국장이라고 했다. 직원들의 눈에는 강한 호기심이 담겨 있었다. 모든 게 부담스러웠지만, 여성이라는 이유로 더 잘해야 한 다는 책임감이 오히려 내 의지를 다지게 했다. 능력을 입증하고 싶다는 마음이 도리어 원동력이 되었다. 근무하는 동안 여러 상사를 모시며, '나 는 어떤 리더가 되어야 할까?'를 마음속에 자주 떠올리곤 했었다. 관찰 을 통해 배운 점들을 생각하며 내가 해야 할 역할을 하나씩 그려나갔다.

그동안 최일선 우체국부터 본부에 이르기까지 쌓아온 경험은 나의 소중한 자산이 되었다. 현장 경험과 본부에서 쌓은 기획력, 조직 관리 능력, 그리고 사람을 이해하려는 태도는 여성으로서의 부드러운 카리스마를 더욱 강화했다. 기관장으로서 비전을 제시하고, 유연하면서도 전략적으로 조직을 이끌었다. 특히 여성 리더로서 나의 강점을 이렇게 살려나갔다.

첫째, 문제를 예측하고 예방하려 세심히 신경 썼다.

직원들이 일하는 현장에서 잠재적인 위험 요소를 사전에 파악하여 개선해 나갔다. 직원의 특성과 역량에 맞춰 업무를 조정하고, 인력과 자원을 재배치했다. 국장의 결단이 필요한 순간에는 명확히 방향을 제시하고, 빠르게 의사결정을 내려 대안을 마련하도록 했다.

둘째, 균형 잡힌 의사결정을 위해 직원 한 명 한 명의 이야기에 귀 기울였다.

직급과 직종을 막론하고 모든 직원의 목소리에 귀 기울이며 열린 자세로 수용했다. 한편, 조직의 목표와 방향성을 항상 염두에 두며, 공정하고 신중한 결정을 내리기 위해 고심했다. 배려가 필요한 순간에는 부드럽게 다가가며 열린 마음으로 소통했다. 그 결과, 무거웠던 직장 분위기가 점차 밝아졌다.

셋째, 직원들이 성장할 수 있도록 적극적으로 지원했다.

내 경험을 바탕으로 승진을 위한 필수 요건들을 준비할 수 있도록 도왔다. 또한, 미래의 경력과 커리어를 위해 필요한 자격증을 취득하고 관리하는 방법에 대해서도 조언을 아끼지 않았다. 특히, 직원들이 이룬 성과에 대해서는 상급 기관과 외부에 적극적으로 알렸다. 좋은 기회를 얻을 수 있도록 나의 네트워크를 최대한 활용했다. 직원을 단순히 조직의 일원으로 보지 않고, 개인으로서 존중하고 이해했다. 각자의 특성과 가능성을 살릴 수 있도록 이끌었다. 우체국 분위기가 좋아지니 실적은 덤으로 따라왔다.

'여성으로서 잘 해낼 수 있을까?'라는 물음은 오래 가지 않았다.

남자처럼 행동할 필요는 없었다. 여성으로서의 섬세함과 감성, 공감 능력은 오히려 리더십을 더욱 단단하게 해주는 자산이 되었다. 위기 상황에서도 감정을 읽고 분위기를 살피며, 직원 간의 긴장을 부드럽게 풀어낼 수 있었다. 그 덕분에 내 방식대로 조직을 이끌어갈 수 있다는 자신감을 얻었다.

지금은 예전보다 누구나 열심히 노력하면 기회가 열릴 수 있는 직장문화가 자연스럽게 자리 잡았다. 포용성과 다양성이 조직의 경쟁력을 높이는 현대사회에서, 여성 후배들이 더 큰 꿈을 펼칠 수 있도록 응원한다.

"제가 국장입니다."라고 말했을 때, "당신 말고 국장 나오라고 해!" 하고 외치던 그 민원인.

국장은 당연히 남자일 거라 여겼던 그 고객도, 지금은 우리 우체국의 단골이자 '우수고객'이 되었다.

8

처음의 다짐을 오늘에 새기다

"선서! 나는 대한민국 공무원으로서 헌법과 법령을 준수하고, 국가를 수호하며, 국민에 대한 봉사자로서의 임무를 성실히 수행할 것을 엄숙히 선서합니다. 2025년 1월 1일 홍길동."

공무원은 임용 첫날, 오른손을 들어 직분에 충실할 것을 맹세하며 공직의 길을 시작한다. 이 선서문은 임용된 공무원도 한 부 보관한다. 그 이유는, 공직자로서의 사명과 초심을 잊지 말라는 뜻이 담겨 있다. 선서하는 그날, 누구나 쩌렁쩌렁한 목소리로 다짐한다. 반짝이는 눈빛에는 굳은 각오가 담겨 있다. '잘해보자!'라는 신입의 의지는 주변 직원들에게도 신선한 자극이 된다.

하지만 시간이 흐를수록 그 결심과 열정은 조금씩 옅어진다. 신입일 때의 패기는 어디 갔는지, 반복되는 일상에 익숙해져 초심을 잃는다. 성취감이나 열정은 서서히 식어간다. 결국, 임용식 날의 다짐이 기억 저편으로 밀려나고 만다.

오전 9시, 근무 시작과 동시에 요란한 전화벨이 울렸다. 인근 우체국 국장이었다.

"국장님! 그런 직원을 보내면 어떻게 해요. 7월 1일 자로 국장님네 우체국에서 우리 우체국으로 온 직원 있잖아요. 하도 답답해서 전화 한번 했어요."
"왜, 김 주무관한테 무슨 일 있어요? 집 근처에서 근무하고 싶다고 해서 그쪽으로 보내주었는데."
"미치겠어요. 일을 안 해요. 자기가 예전에 다 했던 일이라고 힘든 일은 후배 직원들한테 떠밀어요. 직원들 불만이 보통이 아니에요. 거기서도 그랬어요?"
"아니요. 우리 우체국으로 처음 발령받아 왔을 땐 전혀 그렇지 않았어요."
"전에는 안 그랬는지 몰라도 기본이 안 되었어요. 시키는 것 외에는 하지 않아요. 더 기가 막힌 건 뭔지 아세요? 사정이 있다고 아침에 문자 하나 달랑 보내고 수시로 출근도 안 해요. 신규도 아니고 알만한 직원이 그러니 미치겠어요. 창구에 손님은 많은데⋯."

그 국장은 나한테 털어놓기라도 하니 시원하다고 하면서 한참을 더 했다. 그 직원한테 특별한 개인 사정이 있었던 건 아니라고 했다. 전화를 끊고 한동안 멍하니 앉아 있었다. 마치 망치로 한 대 맞은 듯한 기분이었다. 우리 국에 처음 발령받았던 6년 차 직원이었다. '내가 그 직원을 잘 지도하지 못한 걸까?' 하는 생각이 들었다. 한편으로는 '왜 나한테 전화하는 거지? 내 탓은 아닌데….'라는 억울한 감정도 스쳤다. 오전 내내 기분이 개운하지 않았다.

"초심을 잃지 말자."라는 말은 익숙하지만, 직장생활 5년쯤 지나면 매너리즘에 빠지기 쉽다. 그러나 성장과 성공을 원한다면, 처음의 결심과 자세를 끝까지 지켜야 한다. 타성에 젖지 않고 초심을 유지하는 사람이 결국 좋은 결과를 얻는다.

가끔은 승진이나 성과를 통해 인정받은 뒤, 오히려 처음 가졌던 겸손함을 잊고 교만해지는 사람도 있다. 초기의 어려웠던 과정을 잊은 채, 지금의 자리에 오르기까지 함께해 준 동료들이나 자신을 둘러싼 환경에 감사함도 점차 희미해진다. 그 결과, 자세가 뻣뻣해지고 고압적인 태도를 보이기도 한다.

내가 7급 주무관일 때, C 주무관과 함께 일한 적이 있다. 그는 성실하고 책임감이 강했다. 동료들의 일에도 발 벗고 나서서 도와주니 주변으로부터 신임이 컸다. 결국 다른 동료들보다 먼저 승진했고, 핵심 부서로 자리를 옮겼다. 하지만 승진 후 1년쯤 지나자, 그를 바라보는 시선이 달라졌다. 주변에서 그 직원에 대해 좋지 않은 이야기가 하나둘씩 퍼지기 시작했다. 어느 날, 그가 속한 부서에서 큰 소리가 들려왔다.

"계장을 호구로 알아?"

큰소리에 놀란 다른 부서 직원들이 모두 자리에서 일어나 그쪽을 바라봤다. 알고 보니, C 주무관이 중요한 보고를 계장을 건너뛰고 바로 과장에게 올렸다고 했다. 또 며칠 전에는 외부로 보내는 자료를 계장과 상의 없이 넘겼다고도 했다. 승진 후, 그 주무관의 태도가 예전과 달라졌다는 이야기들이 쏟아졌다. 그가 쌓았던 신뢰와 이미지가 한순간에 무너졌다. 인사철마다 다른 부서에서 그를 원하지 않았다. 잘 지내던 동료들과의 관계도 하나둘씩 멀어졌다. 초심을 잃은 대가였다. 그가 예전의 겸손한 자세를 잃지 않았다면, 더 높이 올라갈 수 있었을 것이다.

공무원의 업무는 장기적이고 반복적인 일들이 많다. 그래서 시간이 지나면서 초심을 잃기 쉽다. 이를 방지하려면 몇 가지를 새겨야 한다.

첫째, 임용장 수여식 날의 다짐을 자주 떠올리고 공직자의 사명을 마음에 새겨야 한다.

둘째, 다른 사람의 의견을 통해 자신을 돌아보고 성찰의 시간을 가져야 한다.

셋째, 작은 성과에도 겸손하고 언제나 배우려는 자세를 잃지 말아야 한다.

누구나 처음부터 완벽하지 않다. 하지만 중요한 건, 배우려는 마음과 자세를 잃지 않는 것이다. 스티브 잡스는 말했다. "초심을 잃지 말라. 그것이 성공의 열쇠다." 처음의 다짐과 열정을 오래도록 간직하는 사람만이 진짜 성장하고, 끝까지 나아갈 수 있다.

직장생활 황금 레시피

① 출근 시간이 9시라면 몇 시까지 출근해야 할까?

　부하의 속마음: 9시까지 가면 되지.
　상사의 속마음: 10분 전, 적어도 5분 전에는 나와서 업무 준비하고 시작해야지.

☞ 9시에 아슬아슬하게 출근하는 것보다는 5분이라도 미리 와서 조금 여유 있게 업무 준비하는 직원이 좋게 보이지 않을까? 출근 시간이 9시까지인데 문제 되냐고 생각할 수 있지만 중요한 것은 '태도'이다.

② 다른 팀 상사한테 인사를 해야 할지 말아야 할지 고민될 때

　부하의 속마음: 나 같은 말단까지 아시겠어?
　상사의 속마음: 어, 왜 모르는 척하지. 얼마 전 들어온 신입 아닌가?

☞ 나를 기억하는지 못하는지는 중요하지 않다. '좋은 평판'은 작은 행동에서 시작된다.

③ 점심을 꼭 팀원들하고 먹어야 할까?

부하의 속마음: 점심시간만큼은 개인의 자유를 누려야지.
상사의 속마음: 팀원 간의 유대감을 쌓을 수 있는 시간이니 가능한 한 같이 먹어야지.

☞ 팀원 간 관계를 돈독하게 할 기회이니 자주 빠지지 마라. 그 속에서 정보도 오간다. 일주일에 한두 번은 같이 식사하고, 나머지 요일은 각자 원하는 대로 하자고 제안해 보는 것도 방법이다. 역시 중요한 건 '태도'다.

2장

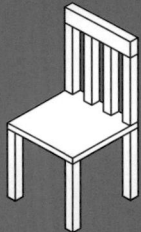

신입에서
함께 일하고 싶은
동료로

신뢰는 협력의 씨앗이다. 조용히 쌓아온 신뢰가 어느 날, 누군가의 응원이나 예기치 않은 협력으로 돌아오고, 그 순간 우리는 알게 된다. 혼자선 도달하기 어려운 성과도, 함께라면 가능하다는 것을.

1

열정으로 여는 길

"나는 영혼 없는 늘공인가?"

직장에는 단순히 불만만 이야기하는 사람이 있는가 하면, 개선점을 제안하고 직접 실천하는 사람도 있다. "그런 제도는 없습니다.", "할 수 없습니다."라는 말은 익숙하지만, 그 이면에는 종종 변화에 대한 두려움이 자리하고 있다.

직장에서 바람직한 태도는 주어진 일만 묵묵히 처리하는 데 그치지 않는다. 기존의 방식보다 더 나은 방향을 고민하고, 작게라도 변화를 시도하려는 '열정'이 필요하다. 늘 하던 대로, 익숙한 방식만 고수하다 보면 당장은 편하고 안정적일지 모른다. 하지만, 그렇게 안주하다 보면 어느새 성장의 기회는 멀어지고 만다.

공직에서는 개인이 창의적이거나 융통성을 발휘하기 어렵다고 생각했다. 고객들의 요청에 "규정상 안 됩니다.", "죄송합니다."를 로봇처럼 반복했다. 아니, 어쩌면 문제를 일으키지 않으려고 소극적으로 일했는지도 모른다. 주로 상사가 시키는 일과 반복적이고 정형화된 일만 열심히 했다. 그런데 상사에 의해, 외부에 의해 떠밀려 했던 일들은 끝내고도 재미가 없었다. '내가 해냈다.'라는 성취감도 없었다. 그저 급하게 끝내려 했던 탓에 결과물조차 만족스럽지 않았다.

이런 내 생각은, 우체국 본부인 '우정사업본부'에서 근무하면서부터 깨졌다. 본부는 제도와 정책을 총괄하는 곳으로 끊임없는 변화와 혁신이 필요했다. 그곳에서 새로운 규정과 서비스를 직접 만들었다. 필요하다면 법 개정도 추진할 수 있었다. 타 부처나 관련 기관과 협력하며 조정하는 과정에서는 혼자서 해낼 수 없는 시너지의 힘도 경험했다.

2010년, 세종문화회관 대강당에서 대통령 표창을 받았다. 내가 제안한 아이디어가 '제40회 공무원 중앙 우수 제안'으로 선정되었다. 제안 제도는 행정안전부가 일반 국민과 공무원으로부터 행정 개선 의견을 수렴해 정책에 반영하는 '국민 제안제도'다.

내가 제안한 아이디어는, 폐휴대폰을 우체국 택배로 회수하자는 〈폐휴대폰 회수택배 서비스〉였다. 다른 전자기기와 달리 일 년에도 수십 개씩 신제품이 출시되는 휴대폰은 그 변화가 무척 빠르다. 그에 따라 휴대폰 교체 주기도 빨랐다. 그런데 그 폐휴대폰이 집마다 장롱과 서랍 속에 쌓이기만 하고 재활용되지 않고 있었다. '서울시 도시 광산화 프로젝트'와 연계하기로 했다. 폐휴대폰, 폐PC, 폐가전제품에서 금, 은, 구리 등 고가 희귀 금속을 추출하여 원자재로 재활용하는 프로젝트다. 우체국은 사용하지 않는 폐휴대폰을 전국에서 회수하여 서울시 '자원순환센터'로 보내는 역할을 했다. 서울시는 회수한 폐휴대폰에서 쓸모 있는 금속을 추출하고 자원화하여 수익금을 지역사회와 자선단체에 환원했다.

아시아경제 2009년 10월 23일 자 보도자료에 의하면, 폐휴대폰 한 대에서 추출한 금, 은, 구리 등을 금액으로 환산하면 약 3,500원의 가치가 있다고 했다. 폐휴대폰 10만 대를 회수할 경우, 삼억 오천만 원이다. 휴대폰 1t에서는 금 400g을 추출할 수 있는데, 금광석 1t을 채굴해 금 5g을 얻어내고 있는 것과 비교하면 80배 정도로 채산성이 높아 숨은 가치가 높았다. 그 당시 연간 발생하는 폐휴대폰은 1,400만 대이지만 약 300만 대만 수거되고 있었다. 나머지 1,100만 대는 이른바 장롱폰으로 가정에 보관되고 있는 것으로 알려졌다.

국민이 폐휴대폰을 가까운 동네우체국에서 손쉽게 기부할 수 있도록 폐휴대폰 수거함을 전국 우체국에 비치했다. 언론 보도와 우체국 홈페이지, 현수막, 우체국 창구 등을 통해 적극적으로 홍보했다. 그 결과,

〈폐휴대폰 회수택배 서비스〉 도입 3개월 만에 4만 5,000개의 폐휴대폰을 회수할 수 있었다. 자원을 재활용하고 환경을 보호할 수 있는 획기적인 아이디어로 평가되어 많은 언론에도 보도되었다. 또한 폐휴대폰을 회수하는 서비스 외에도 전국 우체국에 중고 휴대폰 기부 판매 ATM기를 설치했다. 이를 통해 사용하지 않는 휴대폰을 회수하고 친환경 캠페인을 계속 전개해 나갔다.

그 결과, 대통령 표창을 받았고 한 호봉 승급이라는 좋은 결과를 얻었다. 내가 직접 계획하고 추진한 서비스가 인정받아 널리 시행되니, 그만큼 성취감도 컸다. 우정사업 이미지 제고와 우편 세입 증대에도 기여했다. 이러한 성과를 낼 수 있었던 가장 큰 이유는 '열정'이었다. 열정이 있었기에 더 적극적으로 움직일 수 있었다. 해결책을 찾으려 애쓰다 보니 답이 보였고, 좋은 결과도 자연스레 따라왔다. 남이 시켜서 억지로 한 일이 아니라, 스스로 찾아낸 일이었다.

그 경험을 계기로 새로운 일에 대한 두려움이 사라졌다. 주어진 업무만 반복하는 '영혼 없는 늘공'이 아니라, 적극적으로 변화를 고민하고 실행하는 공직자가 되고 싶었다. 내 손으로 만든 정책이 현장에서 변화를 만들어 낼 때 큰 보람을 느꼈다. 그 순간 공직은 단순한 '직업'을 넘어, 더 나은 사회를 실현하는 중요한 역할임을 실감할 수 있었다.

열정은 거창한 게 아니다. 작은 제안 하나, 불편함을 알아차리는 관심, 그리고 그것을 바꾸려는 시도에서 시작된다. 더 나은 나를 위해, 더 나은 조직을 위해, 오늘도 나 자신에게 묻는다.

"나는 지금, 열정을 가지고 일하고 있는가?"

2

불편한 목소리에서 길을 찾다

'민원인'을 '고객'으로 부르면 어떨까?

'민원'이라고 하면 대개 항의나 불만 제기를 떠올리기 쉽다. '민원인'도 골치 아픈 사람, 떼만 쓰는 사람처럼 부정적으로 인식된다. 하지만 민원인을 '고객'으로 부르면, 그들이 단순한 요구자가 아니라 우리의 업무에 도움을 주는 존재로 여겨진다. 그들의 의견을 서비스 개선의 기회로 받아들이고, 이를 적극적으로 반영하려는 태도로 보인다. 즉, 민원인은 불만 제기자가 아니라, 행정서비스의 질을 높이는 데 도움을 주는 협력자로 말이다.

자주 가는 '뚝섬한강공원'은 사시사철 사람들로 북적인다. 자전거를 타는 사람들도 있고, 반려견과 산책을 즐기는 이들도 있다. 잔디밭에 둘러앉아 치맥을 즐기는 젊은이들을 보면 에너지가 전해진다. 한강은 도심 속 여유를 느끼기에 충분하고 늘 활력이 넘치는 곳이기 때문에 소중하게 여기고 잘 가꿔야 할 공간이다.

  한강공원에 가려면 '나들목' 터널을 지나 작은 횡단보도를 건너야 한다. 그런데 그곳을 건너는 인파가 끊이지 않아 차들이 지나갈 수가 없다. 강변북로에서 한강공원으로 진입하는 차들과 한강공원에서 강변북로로 빠져나가는 차, 그리고 인파가 서로 엉켜서 아수라장이다. 늘 사고 위험이 도사렸다. '횡단보도를 건너는 사람들이 차가 지나갈 수 있도록 조금만 멈추면 좋겠는데….' 그 광경을 볼 때마다 답답했다. '내가 나서서 교통정리를 해볼까?' 하는 생각도 여러 번 했다. 자동차 운전자와 보행자 사이의 배려 문제가 아니었다.

  서울시 H 본부 홈페이지를 열었다. 그곳의 현황과 교통신호등 설치를 했으면 좋겠다는 의견을 덧붙여 장문의 내용을 보냈다. 현황, 문제점, 개선 요청 사항, 기대효과를 적고 나니, 웃음이 저절로 나왔다. 마치 내 업무를 상사한테 보고하는 보고서가 된 듯했다. 메일을 보낸 지 3일이 지난 오후에 한 통의 전화가 왔다.

  "안녕하세요, 게시판에 교통신호등 설치요청 글 올리신 분인가요?"

  "네, 제가 맞는데요. 거기가 어디인지 아시겠어요? 사람들이 계속 횡단보도를 지나가니까 차들이 지나가지 못해요. 사고 위험도 있고…." 한참 동안 설명했다.

"아 네, 그렇군요. 가능한 한 빨리 현장에 나가보겠습니다. 감사합니다." 직원은 "그러셨군요, 아 네…." 호응하며 끝까지 내 말을 들었다.

그로부터 세 달쯤 지났을 때, 교통신호등이 설치된 것을 보고 깜짝 놀랐다. 물론 처리결과도 알려줬다. 혹시 내가 괜한 민원을 내서 담당자한테 부담을 준 것은 아닌지 물었다. 그 직원은 오히려 "덕분에 차량 흐름도 원활해졌고, 시민들이 한강을 안전하게 찾게 되었습니다."라고 말하며 감사의 인사를 전했다. 예산이 드는 민원이었기 때문에 개선이 그렇게 빨리 되기는 쉽지 않았을 터다. 그 직원의 적극적인 태도에 감탄했다. 나는 다시 서울시 H 본부 홈페이지를 두드렸다. 이번에는 칭찬의 글로 내 마음을 듬뿍 전했다.

훗날 구청 다니는 친구로부터 놀라운 이야기를 들었다. 교통신호등 설치 업무는, H 본부 소관이 아니라 지방자치단체와 경찰서 업무라고 했다. 그 직원은 "우리 업무가 아닙니다."라고 선을 그을 수도 있었다. 하지만 책임감을 느끼고 적극적으로 움직였기에 가능한 일이었을 거다. 그곳을 지날 때마다 얼굴도 모르는 그 직원을 떠올려 본다. 아마도 직장에서 신뢰받는 사람이겠지. 혹시 얼굴까지 탤런트 '변우석' 닮았을까?

가끔 직원들에게 신호등 설치 사례를 이야기한다. 그 경험을 통해 나 자신도 되돌아보고 직원들의 열정을 다시 깨운다. 같은 상황이라도 어떻게 보느냐에 따라 결과가 달라질 수 있다는 걸 다시 느꼈다.

현장에는 여전히 민원이 어려운 상황도 존재한다. 아직 현장에서는 안 되는 것을 해달라고 떼쓰는 민원인이 있다. 이런 특이한 민원인들 때문에, 직원들이 '폭언'과 '폭행'에 시달리기도 한다. 우울증에 걸리고 퇴사까지 할 정도다. 최근 빠르게 변화하는 사회 환경과 트렌드에 맞춰 시민들의 요구도 더욱 복잡하고 구체적으로 변하고 있다. 이에 대응하기 위해 행정서비스도 다양해지고 있다. 고객들의 눈높이도 높아졌다. 그에 따라 직원들의 업무가 세분되면서, 새로 익히고 선제적으로 대응해야 할 일도 많아졌다. 늘어나는 업무만큼 스트레스도 커져만 간다.

고객은 무리한 요구를 자제하고, 직원들을 몰아세우기보다 여유와 배려의 마음으로 이해해 주었으면 좋겠다. 공무원 역시 고객의 상황과 감정을 이해하며 적극적으로 문제를 해결하려는 자세를 가져야 한다. 서로를 이해하고 배려하는 마음이 있다면, 민원인과 공무원 모두가 더 나은 사회를 이루는 데 함께할 수 있을 것이다.

그 변화는 거창한 제도에서 시작되는 것이 아니다. 작지만 진심 어린 실천에서 시작된다. 작은 민원 하나에 성실히 대응하는 우리의 태도는 국민의 일상을 조금씩 더 나아지게 만든다. 민원인을 '골치 아픈 존재'가 아니라, 더 나은 서비스를 함께 만들어 가는 협력자이자 내 성장을 도와

주는 '고객'으로 받아들일 때, 우리는 비로소 공직의 진정한 의미에 다가갈 수 있다.

3

될까? 말고, 되게 하자!

업무를 받았을 때, '안 된다.'라는 말부터 떠오르는가, 아니면 '어떻게 해볼까?'라는 생각이 먼저 드는가?

처음부터 안 된다고 말하는 사람보다는, 가능성을 향해 긍정적이고 적극적으로 나아가는 사람이 되어야 한다. 물론 시도해 본 후에 어려우면 안 된다고 말할 수는 있지만, 처음부터 상사 앞에서 바로 "안 됩니다."라고 하는 직원은 좋은 평가를 받기 어렵다. 왜냐하면 부정적인 사람은 안 되는 이유부터 찾기 때문이다.

"내가 연습 끝나고 딱 물을 먹으려고 했는데 글쎄 물이 딱 반 정도 남은 거양!! 다 먹기엔 너무 많고 덜 먹기엔 너무 적고 그래서 딱 반만 있었으면 좋겠다고 생각했는데 완전 럭키비키잖아." 이 말은 걸그룹 IVE

의 멤버 장원영의 긍정적 태도에서 비롯된 '원영적 사고'로, 한때 온라인에서 화제를 모았다. 물이 '반만 있었으면 좋겠다.'라고 생각했는데 실제로 그렇게 된 상황이 '럭키' 하다고 표현한 의미다. 장원영이 부정적인 면보다 긍정적인 면을 먼저 보고, 작은 일에도 기쁨을 느끼는 긍정적 사고방식을 보여준 예다. "물컵에 물이 반이나 남아 있다."와 "물컵에 물이 반밖에 남지 않았다."라는 표현과 같은 의미라고 할 수 있겠다. 사람의 관점에 따라 긍정적이거나 부정적으로도 생각될 수 있다. 하지만 상황을 긍정적으로 받아들이고 사소한 일에서도 기쁨과 만족을 느끼는 것은 큰 차이를 만든다.

직장에서도 어떻게 바라보느냐에 따라 같은 상황도 다르게 느껴질 수 있다. 업무를 맡았을 때 긍정적인 시각으로 접근하느냐, 부정적으로 받아들이냐에 따라 결과 역시 크게 달라진다. 어려운 일이 닥쳐도 적극적으로 문제를 해결하고 새로운 시도를 두려워하지 않는 직원은, 조직 내에서 긍정적인 평가를 받는다. 누구나 그런 직원과 함께 일하고 싶어 한다. 그런 직원은 일 처리도 빠르고 큰 성과를 끌어내기 때문이다. 반대로, 해보지도 않고 안 된다고 부정적인 답부터 말하는 직원도 있다. 이런 직원은 함께 일하고 싶지 않은 사람 중의 하나다. 성과가 날 리 없다.

2024년 5월, 우정사업본부와 국가보훈부는 6·25와 월남전 참전 유공자들에게 새 제복과 넥타이, 전쟁 기록이 담긴 책을 보내기로 협의했다. 국가보훈부에서 물품을 소포로 접수하면, 우체국 집배원들이 직접 유공자 집에 전달하는 역할이다. 그러나 그 과정이 단순하지 않았다. 접수해서 배달하는 일이 전부가 아니었다. 20만 벌의 옷을 옷걸이에 걸어 놓을 공간과 책, 박스 등을 쌓아놓고 포장할 장소도 필요했다. 해외로 발송해야 할 소포우편물도 5천여 박스였다. 직원들은 분실되거나 훼손될까 부담스러워했다.

의정부에서 근무하던 시절, 우리 우체국 직원들에게는 더욱 생소한 업무였다. 일반 우체국처럼 소포를 접수하는 곳이 아니라, 다른 우체국에서 접수된 소포들을 모아 지역별로 구분해 발송하는 우편집중국이었기 때문이다. 그런데도 나는 우리 국에서 그 작업을 직접 해보자고 제안했다. 새로운 업무는 우리 국에 긍정적인 변화와 기회를 가져올 수 있다고 판단했다. 그 중심에는 '원영적 사고'를 가진 J 팀장이 있었다. 평소에도 일을 잘하던 팀장이었기에 믿고 맡길 수 있었다.

J 팀장은 "국장님, 기회라고 생각합니다. 제가 책임지고 한번 해보겠습니다."라며 자신 있게 말했다.

그의 자신감 있는 말에 다른 직원들도 고개를 끄덕였다. '어떻게 하면 할 수 있을까?'를 생각하며 머리를 맞대니 다양한 아이디어와 해결 방법이 나왔다. 긍정의 힘은 새로운 길을 여는 열쇠였다. 5층 대회의실의 의자를 모두 치우고 포장 작업장으로 활용하기로 했다. 우체국 곳곳의 공간에는 포장 상자와 발송할 책을 쌓았다. 소포를 안전하게 보호하기 위해 이동식 칸막이를 설치했다. J 팀장은 주말에도 나와 할 일을 꼼꼼히 챙겼다. 상급 기관과의 협의도 잘 끌어냈다. 프린터기 등 필요한 물품을 지원받아 작업장에 설치했다. 각 과에서 인력을 지원받아 지원조를 짜고 업무를 분담했다. 직원들은 송장과 수신자 주소를 하나하나 대조하며 실수 없이 발송을 마쳤다. J 팀장과 직원들에게는 본연의 업무 이외에 추가로 하게 된 일이 버거울 수도 있었다. 비록 쉽지 않았지만, 모두가 마치 내 일처럼 발 벗고 나서서 협력했기에 가능했다.

"국장님! 소포 발송을 중계하는 업무만 매일 하다가, 우리가 접수부터 발송까지 직접 맡게 되니 보람이 큽니다. 또 우리 국 우편 세입이 늘어나니 좋아요." J 팀장의 말에서 적극성과 자부심이 느껴졌다. 그는 직원들에게 틈틈이 간식도 나눠 주며 "힘내자."라고 응원했다. 함께 땀 흘리며 문제를 해결하는 과정에서 직원들 간의 유대감이 더욱 깊어졌다. 그 과정에서 긍정의 에너지가 퍼지고 서로를 신뢰하며 돕는 분위기가 자연스레 만들어졌다.

"긍정적인 마음은 어떤 어려움 속에서도 길을 찾게 만든다."라는 말이 있다. 어려운 업무 앞에서도 '될까?'가 아니라 '되게 하자!'는 자세로 나아간다면, 가능성은 늘 도전하는 사람의 편이라는 것을 확인하는 기회였다. 나는 J 팀장이 앞으로도 더 좋은 성과를 만들어 낼 가능성이 높다고 여겨, 상급 기관에 적극 추천했다. 그는 그해 우수 직원에게 주는 모범상을 받았다.

직장에서 적극적이고 긍정적인 태도는 언제나 높은 평가를 받는다. '안 된다.'라는 말은 시도한 뒤에 해도 늦지 않다. '할 수 있다.', '해보자.'라는 말 한마디가 나와 주변에 힘을 준다. 긍정의 자세는 예상치 못한 상황에서도 해답을 찾게 하고 변화를 이끈다. 결국 중요한 건, 먼저 움직이고 도전해 보는 마음이다.

4

AI 동료가 온다고 해도

변화의 속도가 빠르다.

많은 사람의 일상이 모바일 중심으로 바뀌었다. 인공지능(AI)기술은 고객서비스, 제조업 등 여러 분야에서 인간을 지원하는 데 활용되고 있다. 머지않아 골목골목 누비는 로봇 택배 배달원도 볼 수 있을 것 같다. 기술뿐만 아니라 사회 전반에 변화의 속도가 놀랄 만큼 빨라졌다. 특히, 코로나 이후 라이프스타일의 변화가 여러 분야에 큰 영향을 미쳤고, 그에 따른 도전을 요구하고 있다.

공공서비스 정책에도 발 빠른 변화와 선제적 대처가 필요해졌다. 그 변화와 혁신 앞에 서야 할 사람은 바로 공무원이다. 공무원은 국민의 생활과 밀접한 정책을 만들고 실행하는 사람이기 때문이다. 공무원이 그 변화에 대응하지 못하면 국민의 삶이 불편해진다. 공무원에 대한 신뢰도 떨어질 수밖에 없다.

　새로운 변화에 맞춰 우편물 배달 방식에도 조정이 필요했다. 특히 1인 가구와 맞벌이 가구의 증가로 기존 방식만으론 제때 배달하기 어려웠다. 통계청에 따르면 2023년 1인 가구는 전체 가구의 35.5%인 782만 9천 가구이며, 해마다 약 30만 가구씩 증가하는 추세라고 한다. 또한 맞벌이 가구 비중도 전체 가구의 50%에 가깝다. 두 집중 한 집은 부부가 모두 일하고 있는 셈이다.
　특히, 등기 우편물 배달이 어려웠다. 등기 우편물은 배달할 때 수취인 서명을 받아야 하는데, 낮 시간대 우편물 받을 사람이 집에 없기 때문이다. 배달하지 못하면 집배원이 다음 날 다시 배달을 나가거나, 고객들이 우체국으로 찾으러 와야 한다. 다음 날도 배달하지 못하면 발송인에게 반송하거나, 우체국에서 보관하다가 폐기한다. 폐기하는 물량이 연간 약 3,200만 통이 된다. 그중에는 과태료 등 고지서도 많았다. 고지서를 받지 못해 납부 기한이 지나면 가산세를 부담하게 되므로 고객들의 민원이 발생했다.

　우체국 본부에서 근무할 때다. 고객이 편리하게 등기우편 서비스를 이용하도록 '선택등기' 제도 신설을 추진했다. '집배원이 2회까지 등기 우편물 배달을 시도해도 수취인이 없을 때는, 돌려보내지 않고 우편함에 넣어주는 서비스'다.

　새로운 제도를 마련하는 길은 평탄하지 않았다. 법제처 심사통과가 어려웠다. 우편법 시행령에 '등기 우편물은 수취인·동거인으로부터 그 수령 사실의 확인을 받고 배달해야 한다.'라고 명시되어 있었기 때문이다. 즉, 등기 우편물은 우편함에 넣으면 안 되고, 반드시 수취인에게 직접 배달해야 했다. '선택등기'를 우편함에 넣은 뒤에는 사진을 찍어 배달 결과를 안내해 주는 등 세부 방법을 마련하여 법제처에 제출했지만 받아들여지지 않았다. 다시 다양한 방법을 고민했다. 우편법 시행령은 연계된 규정이 많았다. 개정을 위해서는 시간이 오래 걸릴 수 있었다. 그래서 '우편법시행령'이 아닌 '우편법시행규칙'에 '선택등기' 제도를 명시하기로 했다. 시행규칙은 소속 장관의 부령이기 때문에 대통령령으로 개정하는 시행령보다 비교적 신속하게 개정할 수 있었다. 20일 동안 행정예고를 하고 고객 의견도 수렴했다. 대부분 외부 전문가로 구성된 위원회를 개최하여 최종 수수료를 정하고 고시했다. 업무 처리 지침도 마련하고 직원 교육과 홍보 과정을 거쳐 시행할 수 있었다.

　등기 우편물 배달 특수 취급 방법으로 '선택등기'를 도입하여 변화하는 우편물 배달 환경에 신속하게 대응한 결과, 고객은 등기 우편물을 편리하게 받을 수 있었다. 특히 맞벌이 부부들이 우편물을 찾기 위해 우체국을 방문해야 하는 불편함도 크게 해소되었다. 우편물 배달률이 높아지면서 집배원의 업무 부담도 한층 줄었다.

최근 디지털 기술이 급속도로 발전하면서 생활이 편리해진 측면도 있지만, 어려움을 겪는 사람도 있다. 관공서, 무인 민원 발급기 등에서 키오스크 사용이 어려워 서류 발급이나 접수에 어려움을 호소한다. 키오스크 메뉴가 복잡하거나 터치에 익숙하지 않아 주문을 어려워하는 사람도 있다. 시간이 오래 걸리거나 결국 주문을 못하기도 한다. 또한 길거리에서 택시를 잡기 어려운 시대가 된 지도 오래다. 몇 달 전, 친구들과 모임을 마친 후 택시 타고 귀가하겠다는 한 친구를 남겨 두고 우리는 헤어졌다. 저녁에 그 친구로부터 문자가 왔다.

"추운 도로 옆에서 30분 이상 기다렸어. 택시가 좀처럼 잡히지 않더라."

그 친구는 택시 호출 앱을 이용해 본 적이 없다고 했다. 앱 하나로 할 수 있는 일이 눈에 띄게 많아졌다. 기차표 예매, 병원 예약 등 우리 실생활과 뗄 수 없는 디지털 서비스들이 점점 늘어나고 있다. 이처럼 빠르게 변화하는 시대에 공무원이 변화의 흐름을 따라가지 못하면, 그 불편은 고스란히 국민의 몫이 된다. 기술이 아무리 발전해도, 모든 국민이 혜택을 누리려면 쉽고 촘촘한 정책과 지원이 뒷받침되어야 한다. '선택등기' 제도 역시 이러한 문제의식에서 출발했다. 변화에 능동적으로 대응한 결과, 국민의 일상은 더 편리해지고 공공서비스의 가치는 한층 높아졌다.

국민이 불편하지 않도록 정책과 지원 제도를 만들기 위해서는, 공무원이 열린 마음으로 변화와 새로운 아이디어를 수용할 수 있어야 한다. 고정관념에 머무르기보다는 다양한 목소리에 귀 기울이고, 적극적으로 반영하려는 태도도 필요하다. 또한 전문 지식과 기술이라는 기반이 뒷받침되어야 한다. 특히 중요한 것은, 늘 국민의 눈높이에서 생각하고 행동하는 자세다. 불편을 겪고 있는 이들의 처지를 공감하고, 그 마음을 정책에 담아내는 노력이야말로 공공의 가치를 높이는 길이다. 시대의 흐름을 두려워하기보다 기회로 삼는다면, 우리를 대신할 AI 동료가 온다고 해도 두렵지 않겠지?

5

협력이 놓은 신뢰의 다리

"여보세요, 여보세요?"

퇴근 후 늦은 저녁을 먹던 중에 휴대폰이 울렸다. 모르는 번호라 받지 않았다. 전화벨이 다시 길게 울렸다. 한참을 망설이다 받았다.

"늦은 시간에 정말 죄송합니다. 저는 B 부처 김수미 주무관인데요. 급해서 안 사무관님께 전화를 드렸습니다. 우정사업본부 당직실로 전화했더니 사무관님이 담당이라고 해서요."

B 부처에서 발송한 우편물에 인쇄되지 말아야 할 내용이 포함돼 있다고 했다. 그래서 급히 우편물을 회수해야 한다고 했다. "꼭 좀 도와주세요, 그거 배달되면 저 큰일 나요." 숨이 넘어갈 듯 다급했다. "등기로 보

냈나요? 몇 통인가요?" 상황 파악을 위해 물었다. "등기가 아니에요. 통수는 정확히 모르겠는데, 전국으로 가는 거라 좀 많습니다." 전화기 너머로 그의 당황한 표정이 떠올랐다. 아마도 급한 마음에 전화부터 건 것 같았다. '등기가 아닌 일반우편으로 보냈다면 배달 이력이 남지 않아서 찾기가 어려운데, 더구나 이 늦은 시간에….' 접수우체국과 봉투에 기재된 발송인 주소를 묻고 전화를 급히 끊었다.

사무실로 뛰어갔다. 세종시 원룸에서 살 때다. 사무실까지 15분밖에 걸리지 않는 거리라서 다행이었다. 우선 전국 9개 지방우정청 당직실에 메일을 보내고 전화했다. '해당 우편물은 절대 배달하지 말고, 이미 배달되었으면 가능하다면 회수해 다시 보내달라.'는 요청이었다. 밤 11시가 넘어 집으로 돌아왔다. 다음 날 접수우체국에 확인해 보니 천 통이나 되었다. 한 통 한 통 확인하려니 앞이 캄캄했다. B 부처로부터 수취인 주소록을 받았다. 전국 240여 개 총괄우체국에 메일을 다시 보냈다. 우체국별로 회수 대상 우편물의 통수를 알려주고, 매일 회수된 우편물 통수를 확인했다. B 부처 주무관에게도 결과를 알려주었다. 다행히 모든 우편물을 회수할 수 있었다. 일주일이 정신없이 지나갔다.

며칠 뒤, B 부처 국장과 통화했던 주무관이 우리 사무실을 찾았다. "안 사무관님 아니면 큰일 날 뻔했습니다. 덕분에 문제없이 잘 해결되었어요. 너무 감사합니다."라고 말했다. 문제를 해결하는 과정은 긴박하고 힘들었다. 그러나 큰 도움이 되었다는 말을 들으니, 그동안의 피로가 사라지는 듯했다. 성취감과 보람이 밀려왔다. 그날 B 부처에서 가져온 커피는 유난히 향도 좋고 맛도 깊었다. 우리 과장의 칭찬 한마디 더해지니 힘이 절로 났다. 화기애애한 분위기에서 이야기는 오랫동안 이어졌다. 앞으로 두 기관이 함께 추진할 수 있는 아이템도 찾아보자며 악수하고 헤어졌다.

우정사업본부에는 전국 1만여 명의 집배원이 우편물을 배달하고 있다. 내가 국장으로 있는 우체국에도 100여 명의 집배원이 있다. 한 사람당 하루 평균 850여 통의 편지와 소포를 오토바이로 집마다 전달한다. 그만큼 배달 업무는 가볍지 않다. 한여름에 무거운 쌀을 메고 엘리베이터가 없는 5층 아파트를 걸어 올라가면 온몸이 땀범벅이 된다. 우편물 한 통을 전달하기 위해 쏟아지는 빗속을 뚫고 10km를 달려간다. 집을 비워 배달하지 못하고 다시 돌아와야 하는 경우엔 비에 젖은 옷처럼 마음도 너덜너덜해져 온다. 우체통이 없어 대문 사이에 꽂아두고 온 우편물이 비에 젖거나, 바람에 날아가 버려 민원이 발생하기도 한다.

집배원들과 함께 우편물을 효율적으로 배달할 방법을 고민했다. 의견 중에 "집마다 우체통이 설치되었으면 좋겠습니다."라는 의견이 가장 많았다. 우리 우체국 배달 구역에는 단독주택이 많고, 우체통이 없거나 낡아서 배달이 어렵다고 호소했다. 하지만 우체통 설치는 각 가정의 몫이다 보니, 설치를 꺼린다고 했다.

　구청에 협조를 구하기로 했다. 마침내 구청 관계자와 우리 우체국이 만나 논의하는 날이었다. 참석자들이 명함을 주고받으며 인사를 나눴다. 명함을 주려고 하던 순간 나의 손이 멈췄다. "어, 그때 그 주무관님?" 물었다. "아 네, 사무관님 여기서 다시 뵙다니 반갑습니다. 그때 많이 도와주셔서 감사했습니다. 4년 전 늦은 저녁에 우편물 회수를 급히 요청했던 B 부처 김 주무관이었다. "축하합니다. 나도 승진해서 이곳 우체국장으로 왔어요." 오랜만에 만난 친구처럼 반가웠다. 그때 이야기로 시작된 미팅은 분위기를 부드럽게 만들었다.

　"국장님, 우체통 설치 관련 미리 보내주신 메일 잘 봤습니다. 그런데 국장님! 우체통에 우리 구청의 로고와 슬로건을 함께 넣으면 어떨까요?"라며 제안했다.
　"네, 좋은 생각입니다. 도시가 화사해질 것 같아요."

　두 기관이 함께 의견을 모으니 더 좋은 해결 방법들이 나왔다. 구청에서 우선 설치되지 않은 집부터 우체통을 설치하고, 낡은 우체통도 차례대로 교체해 주기로 했다. 서로 협력한 덕분에 집배원들은 우편물을 신속하고 안전하게 배달할 수 있게 됐다. 또한, 새롭게 설치된 우체통 덕분에 도시 미관도 한층 밝아졌다. 이후에도 지역의 어려운 이웃을 위한 복지사업, 보이스피싱 예방 활동 등 다양한 협력을 이어갔다.

　공무원은 업무 특성상 부처 간 협업은 물론, 민간 기업과도 함께 일할 기회가 많다. 평소 협력하고 신뢰를 쌓아온 관계는 어려울 때 도움을 주고받을 뿐 아니라, 함께 성장하는 밑바탕이 된다. 스쳐 가는 인연 하나, 명함 한 장도 허투루 넘길 일이 아니라는 걸 오랜 직장생활 하며 깨달았다.
　신뢰는 협력의 씨앗이다. 조용히 쌓아온 신뢰가 어느 날, 누군가의 응원이나 예기치 않은 협력으로 돌아오고, 그 순간 우리는 알게 된다. 혼자선 도달하기 어려운 성과도, 함께라면 가능하다는 것을. 직장이라는 공간은 결국 사람과 사람 사이에서 만들어지는 곳이다. 서로에 대한 신뢰와 협력의 힘을 믿고, 오늘도 누군가와 함께 길을 만들어 가면 좋겠다.

6

고객 만족은 직원의 미소에서

    그날도 나는 단단한 표정으로 아카데미 교육장의 문을 열었다. 고객 응대 매뉴얼, 복장 규정, 인사법까지 빼곡히 준비한 커리큘럼을 다시 한 번 점검했다. 강의가 끝날 무렵, 나는 내 강의가 남긴 인상에 대해 생각했다. 완벽하게 준비한 제스처나 정돈된 인사법이 수강생들의 기억에 남았을 거라고 믿었고, 스스로도 그렇게 평가하고 있었다. 그런데 내게 여운을 남긴 건, 한 직원이 조심스럽게 건넨 한마디였다.

    "강사님, 그냥 제 얘기 들어주셔서 감사했어요."

    그 말은 '매뉴얼을 잘 익혔다.'라는 평가보다, '나라는 사람을 이해받았다.'라는 진심 어린 고백처럼 들렸다. 그 순간 나는 깨달았다. 서비스란 결국 사람의 마음을 움직이는 일이라는 것을. 불친절 민원으로 서비스아카데미 교육 대상자가 되어 온 그 직원에게, 내가 감정적인 위로와 안정감을 줄 수 있었다는 사실이 작은 보람으로 다가왔다.

'고객은 왕이다!'

예전에는 고객이 우체국 창구를 찾으면 직원이 자리에서 일어나 응대하곤 했다. 고객을 왕으로 받들던 때다. 기업들은 앞다투어 서비스아카데미를 세워 전문 강사를 두고 직원을 교육했다. 우체국도 예외는 아니었다. 전국에 있는 지방우정청마다 서비스아카데미를 신설하고 우체국 직원들의 고객 만족 교육에 집중했다. 내가 소속해 있던 서울지방우정청에서도 강의 경진대회를 통해 팀장 역할을 맡을 7급 1명과 8급 3명을 강사로 선발한다고 했다. 모두 관심이 뜨거웠다. 우리 우체국 CS 담당 부서 과장이 나를 불렀다.

"안 팀장! 강의 경진대회에 나가면 CS 평가에 가점을 준다고 하는데, 안 팀장이 꼭 나가줬으면 좋겠어."
"네? 과장님, 저는 지금 CS 담당도 아니고, 강의를 해본 적이 없는데요."

그때 나는 Y 우체국 지원과에서 7급 서무팀장을 하고 있었다. 우리 우체국 평가에 도움이 된다는 말과 과장의 설득에 나가기로 했다. 며칠 동안 퇴근 후 시간을 쪼개 경진대회 발표 자료를 준비하고, 달달 외웠다.

거울 앞에서 반복해서 연습했다. 자다가 꿈에 나타날 정도였다. 경진대회 당일이 되었다.

"개구리를 서서히 데우는 물에 넣으면 어떻게 되겠습니까? 개구리는 온도가 천천히 올라가는 것을 감지하지 못하고 결국 죽게 됩니다. 우체국도 고객 만족을 위해 변화에 둔감하지 말고 적극적으로 실천할 때입니다."

강의장이 쩌렁쩌렁 울렸다. '개구리'가 심사위원들의 마음을 움직였다. 서비스아카데미 총괄을 맡을 팀장으로 내가 뽑혔다. 낯설었지만 뿌듯했다. 아카데미 개원식 날 우정사업본부장, 서울지방우정청장과 함께 한 테이프 커팅식 사진은 우리 집의 소중한 가보가 되었다.

그러나, 하이힐 신고 정갈한 정장 차림의 서비스 강사 겉모습만 생각했던 것일까? 서비스아카데미 강사로서의 시간은 기대와 달리 쉽지 않았다. 강사 4명이 서비스 마인드, 인사 예절, 전화 예절, 그리고 역할연기를 각각 맡았다. 창구 직원, 집배원, 팀장, 국장 등 모든 직급과 업무 형태에 따라 강의안을 다르게 만들어야 했다. CS 강의뿐 아니라, 아카데미 실내 꾸미기, 교재 제작, 교육생 선발 관리, 그리고 우체국 현장 모니터링도 우리의 몫이었다. 불친절한 직원으로 지목돼 아카데미에 온 이들에게서 좋은 반응을 기대하긴 어려웠다. 얼굴이 굳은 직원의 마음을 열고 교육을 진행하기란 여간 힘든 게 아니었다. '얼마나 잘하나 보자.'라며 팔짱 끼고 강의를 들었다. 우체국 현장 CS 점검 결과가 평가로 반영되면서 우체국 간 비교와 순위 매기기로 이어졌다. 점검을 수행하는 입장에서도 부담이 클 수밖에 없었다. "우리 우체국이 뭐가 그렇게 잘못되었길래 평가가 하위인가요?" 항의 전화도 여러 번 받았다.

우체국마다 CS 리더를 한 명씩 지정하고 현장 교육을 강화했다. 매일 아침, 직원들이 업무 개시 30분 전에 출근해 서비스 교육을 받았다. CS 다짐 구호 제창부터 인사 연습, 표정 풀기, 체조, 에어로빅…. 그렇게 직원들은 에어로빅도 추고, 노래도 부르며, 마케팅까지 해내는 멀티플레이어가 되어갔다.

고객을 왕처럼 대하는 사이, 직원들은 서서히 지쳐갔다. 고객들은 직원에게 왕처럼 군림하려 했고, 직원과 고객 간의 상호존중과 예의는 찾아볼 수 없었다. 우체국 창구에서 고래고래 소리 지르며 온갖 욕설을 하는 사람 앞에서도 90도로 허리를 숙여야 했다. 우체국장들도 고객서비스 평가를 잘 받지 못하면 대책 보고를 해야 하니, 악성 고객 앞에서 발만 동동 굴렀다. 교육을 강화할수록 직원들 표정에 웃음기가 사라졌다. 고객의 만족도 역시 낮아졌다. 더 이상 기존 방식으로는 한계가 있다고 생각했다.

서비스아카데미 교육 방향을 바꾸기로 했다. 직원을 채찍질하기보다는 격려하고 응원하기로. 먼저 최일선에서 고생하는 우체국장들과 CS 리더를 위한 격려행사를 열었다. 잠실 올림픽 역도경기장에 천여 명이 모였다. 넓은 행사장 내부를 무지갯빛 풍선과 슬로건이 적힌 대형 현수막으로 화려하게 장식했다. 행사장 입구에는 다과와 신나는 음악으로 활기찬 분위기를 만들었다. 우체국장과 직원들에게 표창을 수여하고 핸드프린팅, 기념품 배부 등을 통해 참석자들의 마음을 따뜻하게 했다. 전문 레크리에이션 강사가 신나는 팀 빌딩 게임을 진행하며 분위기를 한층 뜨겁게 만들었다.

그날의 하이라이트는 '국장님 힘내세요!'라는 뮤지컬 공연이었다. 현장 우체국장 역할의 중요성과 무거운 책임감을 응원해 주는 이야기였다. 전문 뮤지컬 배우들과 우체국 서비스 리더들이 함께 공연하여 더 빛났다. 무대가 막을 내릴 때 참석자 모두 일어서서 박수를 보냈다. 여기저기서 눈시울을 붉히는 사람도 보였다. 서로에게 공감과 위로가 되어준 행사였다. 우리 네 명의 서비스아카데미 강사들도 행사 기획과 뮤지컬 연습 지도로 힘들었지만, 그 과정에서 보람과 성취를 느꼈다. 그 후로도 매월 친절직원을 선발하여 표창을 수여하고 우체국마다 현실에 맞게 CS 교육을 하도록 지원했다. 그 결과, 직원들의 얼굴에 하나둘 웃음이 번지기 시작했다.

매뉴얼도 평가도 중요하지만 결국 사람의 마음을 움직이는 것은, 따뜻한 격려와 진심을 담아 상대를 인정하는 것이었다. 그해, 우체국은 한국산업의 고객만족도(KCSI) 공공서비스 부문 1위를 달성했다. 직원 한 사람 한 사람의 표정이 바뀌자, 고객의 마음도 함께 열리기 시작한 것이다. 고객의 마음을 움직이는 건 결국, 우리의 따뜻한 표정과 진심이었다.

7

대학원으로 이어진 일의 깊이, 오십의 선택

오십 되던 해, 대학원에 들어갔다.

하얀 손수건을 왼쪽 가슴에 달고 입학했던 철부지 초등학교 1학년의 설렘과는 달랐다. '늦은 나이에 내가 해낼 수 있을까?' 하는 두려움도 있었다. 세종시에서 우체국 본부 근무 시절이다. 오후 네 시에 조퇴해 버스를 타고 오송역으로 가서 KTX를 탔다. 서울역에 도착해 지하철을 두 번 갈아타고 신촌역에서 내렸다. 반쯤 뛰다시피 해야 겨우 강의 시간에 맞출 수 있었다. 초를 다투며 늘 뛰었던 2년이었다. 대학을 졸업한 지 27년 만에 다시 교정과 교실을 밟았다. '학생'이라는 말이 낯설고 어색하게 들렸다. 그래도 새로운 사람들을 만나고 또 다른 경험을 할 생각에 설렜다.

그동안 나 자신을 위한 일은 생각지 못하고 살았다. 머릿속은 이미 녹슬었고 공부는 끝난 줄로만 알았다. 하지만 대학원 공부를 시작하면서 깨달았다.

'아직도 내 안에 열정이 있구나!'

막상 시작하니 또 해낼 수 있었다. 내 가능성을 확인하며 한계를 넘어 새로운 길을 여는 듯한 벅찬 감정이 밀려왔다. 평일에 대학원 수업을 듣고 다시 세종으로 내려가면 밤 12시가 넘기 일쑤였다. 그렇게 평일 하루, 토요일 하루를 쏟으며 최선을 다했다. 그리고 마침내 남편과 두 아들의 축하를 받으며 졸업의 기쁨을 누릴 수 있었다. 졸업식 날 높고 파란 하늘을 향해 석사모를 힘껏 던졌다. 이 어려운 일을 해냈다는 성취감과 뿌듯함에 하늘을 나는 듯했다. 자신감과 용기가 차오르며 앞으로 무엇이든 해낼 수 있다는 마음이 들었다. 긴 시간 동안 과제를 준비하고, 중간고사와 기말고사 기간엔 도서관에서 씨름하던 순간들이 떠올랐다. 힘들었지만 그 과정이 나를 성장하게 했다. 무엇보다도 열정적으로 삶을 개척해 나가는 동기들과 함께한 시간은 큰 자극이 되었다. 그들의 패기와 노력은 신선한 충격이었다. 그동안 무심코 지나쳤던 부분들을 돌아보게 했다. 대학원 생활은 단순히 학문을 배우는 자리가 아니라, 직장 생활에서도 나를 꾸준히 동기 부여해 준 원동력이 되었다.

내가 늦깎이로 대학원에 가게 된 이유는 두 가지다. 하나는, 내가 맡고 있었던 보험 업무에 대한 이해와 깊이 있는 지식이 필요했다. 5급 사무관 때 본부 보험사업단에서 보험 상품개발을 담당하고 있었다. 고객의 다양한 요구와 시장의 변화에 맞춰 보험 상품을 기획하는 일이다. 민영보험사 상품과 비교 분석하며 보장을 설계하고, 관련 법과 규제에 어긋나지 않는지도 확인해야 했다. 보험 상품을 출시한 후에는 고객과 보험모집인들의 반응을 모니터링하고 개선했다. 보험료, 보장 범위, 특약 등을 설계할 때 재무적 위험을 분석해 보험료를 책정하는 일이 가장 어려웠다. 연구원 등 전문가들이 도와주긴 했지만, 결국 담당이었던 내가 판단하고 결정하기 위해서는 전문지식이 필요했다.

그래서 대학원에서 '금융·보험'을 전공했다. '보험수리와 위험관리', '경쟁법의 규제 이론' 등의 공부는 실무에 큰 도움이 되었다. 위험 분산을 위한 재보험 활용 전략에 대해서도 배웠다. 그러나 뒤늦은 대학원 공부는 쉽지 않았다. '미시경제학'과 '프로그램 R' 등 몇 과목은 머리를 쥐어뜯으며 수업을 들었다.

'늦은 나이에 내가 왜 이 고생을 할까?'

깊은 고민에 빠지기도 했다. 도전의 연속이었다. 하지만 나에게 아직 열정이 살아 있음을 확인한 소중한 기회였다. 타 금융사에서 온 동기생들과 정보를 공유하고 네트워크를 만들어 나갔다. 대학원에서의 귀중한 배움으로 얻어진 전문성을 바탕으로 직장에서 경쟁력을 유지하고 더 성장할 수 있었다.

대학원에 간 또 다른 이유는, 새로운 사람들과 교류하며 커리어를 확장하는 데 도움이 될 거라고 생각했기 때문이다. 우체국 본부 생활은 바쁜 나날의 연속이었지만, 집과 직장을 오가는 반복되는 일상에서 문득 내 삶이 멈춘 듯한 기분이 들었다. 마음 한편에선 알 수 없는 불안이 스며들었다. 퇴근 후 공인중개사 자격증을 준비하는 선배, 사회복지사 자격 공부에 열중하는 친구 등 모두가 열심히 살아가고 있었다. '나만 아무것도 하지 않고 있는 건 아닐까?'라는 생각이 머릿속을 맴돌며 나를 흔들었다.

그런 와중에 대학원에서 만난 다양한 직업과 경력, 연령대의 사람들과 나눈 교류는 내게 신선한 자극이 되었다. 그 시간은 값진 경험으로 남았다. 그들과의 대화를 통해 세상을 새로운 시각으로 바라보게 되었다. 소중한 아이디어와 통찰을 얻기도 했다.

'대학원을 조금 더 일찍 갔더라면 어땠을까?' 하는 생각을 한다. 새로운 환경과 사람들을 더 일찍 만났더라면, 직장에서 더 창의적이고 혁신적으로 일할 수 있었을 것 같다. 열정을 품은 대학원 동기들의 모습을 보며 나 자신을 돌아볼 수 있었다. 새로운 인연과 함께 성장하는 기쁨을 안겨주었다. 내 인생에서 손꼽을 만큼 소중한 시간이었다.

후배들에게 말해주고 싶다. 배움의 끈을 놓지 말라고. 배움은 빠를수록 좋다. 프로가 되려는 도전은 언제나 값지고 아름답다. 요즘의 후배들은 밥을 사주는 선배보다 성장을 이끄는 선배를 따른다. 친밀감보다 실력을 갖춘 선배를 좋아한다. 신뢰받는 선배가 되기 위해선 전문성을 갖추고 변화에 능동적으로 대응해야 한다. 결국 프로다운 자세로 묵묵히 일하는 선배의 모습이야말로 후배들에게 깊은 울림을 주고, 진정한 존경의 이유가 된다.

8

가치를 더하는 차별의 힘

'직장에서 열심히만 하면 될까?'

열심히 노력하는 것은 중요하지만, 그것만으로는 충분하지 않다. 직장에서 진정으로 가치가 있는 것은 결과를 만들어 내고 성과로 보여줄 수 있는 능력이다. 단순히 열심히 하거나 많은 시간을 투자하는 것보다 효율적인 방법으로 결과를 도출해야 한다.

성과를 내기 위해 다른 사람과 차별화하는 방법은 무엇일까?
직장 7년 차 정도 되었을 때, 든든한 멘토 상사를 만난 건 나에게 행운이었다. 일을 제대로 배울 수 있었다.

"자신만의 업무 바인더를 만들어라. 머릿속으로 일하지 마라."

과장이 자주 강조하던 이 말은 시간이 지나도 여전히 기억에 남는다. 우리 과 직원들은 각자 업무별 바인더를 만들었고, 책꽂이 제일 잘 보이는 곳에 꽂아두고 일했다. 그때는 "뭐, 이렇게까지… 옆 사람한테 물어보면서 하면 되지." 귀찮게 생각했는데 만들고 나니 활용도가 높았다. 새로 전입해 오는 팀원에게 일을 알려줄 때 업무별 바인더는 든든한 도움이 되었다. 특히, 신규 직원에게는 불안감을 덜어줄 수 있는 지침서가 되었다. 바인더는 업무 한 꼭지마다 A4용지 한 장에 개요, 근거, 업무 절차, 주요 내용 그리고 추진 일정 등을 체계적으로 담았다. 주요 통계와 업무 관련 규정 등 참고 자료도 바인더 뒷부분에 실었다. 각종 자료와 정보를 한곳에 모아 두고 필요할 때 빠르게 찾아보니 큰 힘이 되었다.

'일잘러', 일을 잘하는 사람으로 인정받기 위해서는 자신의 업무에 대한 숙지가 필수다. 공무원은 인사이동이 빈번하게 이루어진다. 직무나 부서가 본인의 의지와 상관없이 변경될 수도 있다. 그럴 때 업무 바인더는 나침반이 되어 준다. 업무를 더 빠르고 체계적으로 파악할 수 있다. 요즘은 전자문서를 활용한 디지털 바인더나 노트 앱도 많이 사용된다. 자신에게 맞는 방식으로 정보를 정리해 두는 습관이 중요하다. 핵심은 '기록하고 구조화하는 힘'이다.

차별화되는 또 하나의 방법은, '법령 통'이 되는 거다.

흔히 '인사 통' '감사 통'이라고 불리는 직원들이 있다. 인사, 감사 분야에서 능숙한 사람을 말한다. 이처럼 '법령 통'이란, 법과 규정을 잘 아는 사람이라고 말할 수 있다. 사실 이 표현은 내가 만들어 낸 말이다. 우리 부서에 '법령 통'이라고 불릴만한 직원이 있었다. 그 직원은 자신의 업무와 관련된 법과 규정을 별도 정리하고 제본하여 자기만의 규정집을 만들었다. 색인을 만들고, 중요한 부분에는 포스트잇을 붙여 두어 신속하게 찾아볼 수 있도록 했다. 물었을 때 언제나 막힘없이 대답하니 누구나 그를 '통'으로 인정했다.

관련 근거와 국내·외 사례, 정확한 통계를 바탕으로 일하면 설득력을 높이고 신뢰를 쌓을 수 있다. 특히, 데이터 기반의 구체적인 접근은 단순한 주장보다 전문성을 높여준다. 상사가 물었을 때, "먼저 담당이 그렇게 했더라고요.", "그럴 것 같습니다."라고 얼버무리는 직원은 조직에서 동료들과 나란히 갈 수 없다고 생각하면 된다. 안일하게 지내다가 자연스럽게 도태될 수 있다.

또 하나의 차별화 방법은, 새로운 디지털 기술에 익숙해야 한다. 디지털 역량이 뛰어난 사람이 더 효율적이고 창의적으로 일한다. 보고서를 작성할 때도 데이터 분석 툴을 활용해 데이터를 빠르게 정리하고 시각화하여 의사결정을 도울 수 있다. 결과물의 질이 다르다. 사내 게시판에 공지 글을 올리거나 홍보할 때도 단순한 텍스트보다 숏폼 콘텐츠를 활용한다. 이제 공무원도 디지털 기술에 익숙하지 않으면 동료들과의 협업이

어렵고 업무 적응이 힘들어졌다. 팀워크에도 부담이 된다. 자꾸 물어보며 번거롭게 하는 사람과 누가 함께 일하고 싶겠는가? 그런 흐름 속에서 단순히 열심히 일하는 것만으로는 다른 사람과의 차별화가 어렵다. 변화의 물결 속에서 자신의 가치를 높이는 길만이 살아남는 방법이다.

불과 몇 년 전만 해도 파워포인트를 잘 만드는 직원은 직장에서 인기가 하늘을 찔렀다. 그 직원을 서로 자신의 부서로 데려가고 싶어 했다. 똑같은 내용을 PPT로 만들어도 디자인 레이아웃, 컬러, 차트 등에 따라 가독성이 다르고 전달력이 크게 다르기 때문이다. 그런데 요즘은 파워포인트로 PPT를 만들지 않아도 된다. 다양하고 깔끔한 프레젠테이션 템플릿을 무료로 제공하는 디자인 툴이 많다. 멋진 자료를 더 빠르게 만들어 낼 수 있다. 누구나 관심과 열정만 있다면 가능한 세상이다.

의정부에서 근무할 때다. 새로운 기술과 지식을 끊임없이 익히는 직원이 있었다. 그 주무관은 ChatGPT를 활용하여 문서작성, 이미지 생성 작업을 척척 해냈다. 보고서 작성 속도를 높여 '스마트 워커'라는 칭찬을 받았다. 만들고자 하는 주제와 핵심 메시지만 입력하면 ChatGPT가 제목, 목차, 주요 내용을 자동으로 정리해 주는 PPT 작성도 시연했다. 그는 디지털 기술을 활용해 불필요한 반복 작업을 줄였다. 더 중요한 업무에 에너지를 집중하면서 성과를 냈다. 선배들 퇴임식 날엔 사진을 모아 동영상으로 만들어 정성 어린 선물을 전했다. 민원 답변서를 작성할 때

ChatGPT를 활용해 문장을 더 매끄럽게 다듬는 방법도 직원들에게 소개했다. 디지털 기술을 적극적으로 배우고 활용하는 그 직원의 태도는 직장에서 '일 잘하는 사람'으로 차별되는 중요한 열쇠가 되었다.

결국, 성과를 내기 위해서는 단순히 열심히 하는 것만으로는 부족하다. 효율적인 방법을 찾고 자신만의 차별화된 접근을 고민하는 것이 중요하다. 업무 숙지와 규정의 이해, 디지털 기술 습득과 같은 구체적인 방법들을 통해 직장에서 의미 있는 결과를 만들어 갈 수 있다. 끊임없는 성찰과 혁신적인 태도로, 당신의 가치를 더욱 빛나게 하길 바란다.

④ 선배는 왜 자꾸 그 시절 스타일만 고집할까?

후배의 속마음: 요즘 시대에 누가 그렇게 해요.
선배의 속마음: 그 방식으로도 우리는 다 해냈어.

☞ 세대 차는 시대 차이일 뿐, 인격 차이는 아니다. 익숙한 방식이 전부는 아니고, 새로운 방식이 꼭 정답도 아니다. "요즘 애들 왜 이래?"보다는 "넌 어떻게 생각해?", "꼰대는 싫어요."보다는 "왜 그렇게 하셨어요?" 한 발짝 물러나 묻는 유연함이 관계를 부드럽게 만든다.

⑤ 휴일에 상사로부터 카톡이 온 걸… 열어봐야 할까? 모른 척할까?

부하의 속마음: 읽으면 답해야 할 것 같고… 안 읽으면 찝찝하고….
상사의 속마음: 지금 생각났을 때 보내야지, 월요일 되면 까먹어.

☞ 주말에 온 메시지, 즉답보다 중요한 건 '읽고도 무시했네?'라는 오해를 남기지 않는 것. "확인했습니다. 월요일에 처리하겠습니다." 한 줄이면 충분하다. 중요한 건 관계의 온도다. '선 넘지 않기'와 '선 긋지 않기' 사이의 균형이 필요하다.

❻ 일은 열심히 하는데, 상사가 알아주지 않아서 고민된다면?

부하의 속마음: 일만 열심히 하면, 언젠간 알아주겠지….

상사의 속마음: 보고는 매일 수십 건, 사람 이름 외우기도 벅차다.

☞ 조용히 일만 하다 보면, 조용히 잊힌다. 잘한 건 조심스럽게, 자연스럽게, 알리자. 일도 사람이 하는 거니까.

3장

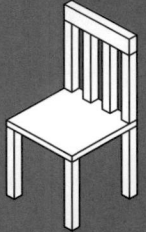

일을 해내는 사람에서,

차이를 만드는 사람으로

서로를 이해하려는 노력과 열린 마음, 함께 성장하려는 태도가 쌓일 때 직장은 단순히 일이 아닌 조화로운 하모니를 이루는 공간이 된다.

1

일 위에 쌓이는 태도의 힘

'직장에서 일만 잘하면 될까?'

아무리 능력이 뛰어난 사람이라도 기본적인 태도가 갖춰지지 않으면 함께 일하기 어렵다. 기본은 작은 차이를 낳지만, 그 차이는 큰 품격으로 이어진다. 좋은 음식도 비싼 재료로만 완성되지 않는다. 조미료와 같은 기본적인 요소가 음식의 전체 맛을 좌우하듯 직장에서도 마찬가지다. 기본적인 태도를 갖추면 직장에서 더 자연스럽게 어우러지고 품격 있는 직장인이 될 수 있다.

사소해 보일 수 있지만, 작은 행동들이 모여 신뢰를 쌓고 개인의 평판을 좌우했던 세 가지 경험을 나누고자 한다.

첫째, '인사'는 기본예절이자 품격을 쌓아가는 첫걸음이다.

인사는 관계의 시작이다. 신뢰를 쌓고 예의를 표현하는 데 있어 중요한 첫걸음이 된다. 특히, 처음 만나는 사람에게 좋은 인상을 남길 수 있는 가장 효과적인 방법이기도 하다. 그런데 인사가 사소하고 쉬워 보이지만, 막상 하려면 은근히 신경 쓰이기도 한다. 신입이라면 아는 사람에게만 인사해야 할지, 마주치는 모든 사람에게 해야 할지 고민할 수밖에 없다. 아들이 직장생활을 시작한 지 네 달쯤 되었을 때다. 의기소침한 표정으로 퇴근했다.

"엄마, 오늘 사무실에서 이상한 얘길 들었어. 다른 과 계장님이 우리 계장님한테, 내가 인사를 잘 안 한다고 하더래." 한숨을 푹 쉬며 덧붙였다. "그런데 나 잘하거든."

자초지종을 들어보니, 아들은 아는 사람을 마주칠 때만 인사한다고 했다. 같은 건물 내에서 근무하는 직원이 오백 명이 넘고, 민원인이 수시로 드나들어 직원과 손님을 구분하기 어렵다고 설명했다. 나는 아들 말을 듣는 순간 아차 싶었다.

"인사는 직장에서 기본예절이야. 잘 모르는 사람에게도 먼저 인사하는 게 좋아. 너는 그 사람을 잘 몰라도 상대방은 너를 알 수도 있잖아.

만날 때마다 인사하지 않으면 예의 없는 직원으로 인식될 수 있어." 아들은 고개를 끄덕였다.

우리 우체국에 사람을 기분 좋게 하는 직원이 있다. 직장생활을 시작한 지 2년밖에 되지 않은 새내기다. 그 직원은 멀리서도 나를 보면 큰 소리로 인사한다. "국장님, 주말 잘 보내셨어요?" 직원이 건넨 짧은 인사 한마디가 하루 종일 내 기분을 좋게 만든다. 그런 직원에게 나도 마음을 활짝 열 수밖에 없다. 가볍게 건넨 인사 한마디가 오래 기억에 남는다. 인사는 상대방에 대한 존중과 관심을 보여주는 작은 표현이다. 또한 직장 분위기를 밝히는 시작점이 되고, 더 나아가 협업과 소통을 여는 통로가 되기도 한다.

둘째, '말'은 곧 나의 태도다.

파티션을 사이에 두고 우리 '기획과'와 '사업과'가 마주하고 일을 한 적 있다. 파티션 너머 바로 앞에서 일하는 직원의 숨소리까지 들릴 정도로 가까웠다. 그래서 일할 때 작은 소리에도 신경이 쓰였다. 그런데 파티션 바로 너머에 앉은 한 직원은 일을 하면서 자주 혼잣말을 했다.

"에이, 열받아.", "안 되네.", "아, 짜증 나."
가끔 주먹으로 책상을 치기도 했다. 여간 거슬리는 게 아니었다. 무슨 일이 있는지 물어볼까 망설였다. 옆에 있는 다른 동료한테서 메신저가 왔다. 그 동료도 집중이 되지 않는다고 했다. 파티션 너머 그 직원은 다른 부서원들이나 하급 기관과 통화할 때도 고압적인 말투였다. "하라는 대로 하세요.", "와보세요." 아마도 그 직원의 오래된 습관인 듯했다. 나이와 상관없이 다른 사람과 대화할 때도 반말투가 많았다. 듣는 사람도 불편했다. 그의 말투는 사람들의 마음을 멀어지게 했고, 나쁜 소문은 부서 밖으로까지 퍼졌다. 결국, 말이 만든 이미지 때문에 3년 뒤 그는 한직으로 자리를 옮기게 되었다. 말 한마디가 개인의 이미지는 물론 타인과의 관계에도 큰 영향을 미친다. 그래서 더 신중해야 한다.

셋째, '메일' 하나도 존중과 책임감의 표현이다.

내가 총괄과에서 서무를 볼 때다. 총괄과의 서무는 각 과의 서무들로부터 받아야 할 자료가 많다. 취합한 자료를 작성해서 보고하려면 늘 시간에 쫓긴다. 그래서 빨리 받는 것이 중요하다. 각 과의 서무들에게 제출기일을 정해 주고 부탁해도 언제나 한두 명은 자료를 늦게 보냈다. 더욱 속 타는 건, 아예 메일을 열어보지도 않는 사람이다. 답답해도 결국 먼저 다가가는 건 목마른 사람의 몫이다. 협력해야 할 상황에서는 빠른 소통이 최고인데 한 사람 때문에 모든 게 늦어진다. 이런 사람은 조직에서 환영받지 못한다.

정기 승진자 명단에서 익숙한 이름을 발견했다. 예전부터 자료를 늦게 주거나 메일을 잘 열어보지 않던 직원이었다. 동기들보다 꽤 늦은 승진이었다. 그래도 반가운 마음에 축하 메일을 보냈지만, 답은 없었다. 며칠이 지나고 나서야 문득 생각나 보낸 메일함을 열어봤다. 아직도 열람하지 않은 상태였다. 그때 함께 일하며 느꼈던 점이 떠올랐다. 메일과 전화에 소홀하던 태도는 여전했다. 우연히 다른 동료에게 들었는데, 그 동료의 메일도 안 보고 전화도 잘 받지 않는다고 했다. 특별히 사이가 나쁜 건 아니라고 했다.

 메일 확인은 단순한 일이지만 상대방에 대한 예의다. 일에 대한 태도와 동료들과의 소통방식은 생각보다 오래 기억에 남는다. 소소한 일일수록 더 성실하게, 더 신중하게 다루는 사람이 결국 신뢰를 쌓게 된다.

 직장생활을 하면서 깨달은 건, 사소한 행동 하나에도 그 사람의 모습이 드러난다는 점이다. 인사하는 태도, 말투 하나, 메일 한 통을 쓰는 정성까지. 이런 작은 습관들이 결국 내 모습이 되고 나를 기억하는 기준이 된다. 매일의 작은 습관이 쌓여 나를 만들어 간다는 걸 기억해야 한다. 그 기본을 충실히 지켜나가는 것이야말로 품격 있는 직장인으로 성장하는 길이다.

2

실력이 없으면 인맥은 민폐

　직장생활을 하다 보면 예기치 못한 상황을 맞이하는 경우가 있다. 매뉴얼로도 시스템으로도 해결되기 어려운 일들이다. 상식이 통하지 않는 순간 앞에서, 사람들은 본능적으로 '내가 누구를 아는데.' 하며 인맥을 떠올린다. 하지만 그런 순간에도 결국 힘이 되는 건 실력이고 평소 쌓아온 신뢰다. 실력이 없는 인맥은 오히려 주변을 불편하게 만들 수 있다. 관계보다는 실력에, 순간보다는 신뢰에 집중하는 것이 결국 더 멀리 가는 길이다.

　예전에 함께 근무했던 한 직원이 떠오른다. 그는 업무보다 인간관계에 더 많은 에너지를 쏟는 듯했다. 일보다는 사람들과 어울리는 자리를 우선했고, 실력보다 인맥이 더 중요하다고 여겼다. 회식이나 모임, 친분을 다지는 자리에는 빠지지 않았다. 그러나 정작 자신의 업무나 전문성을 키우는 데에는 상대적으로 관심이 적어 보였다. 처음엔 사람들과 잘 어울리는 점이 장점처럼 보였지만, 시간이 흐를수록 실력과 태도 면에서 아쉬움을 남기기 시작했다. 누구는 "그것도 하나의 능력이지."라고 말했고, 또 누구는 "괜히 신경이 쓰인다."라고 했다. 결국 그 직원이 다른 동기들보다 먼저 승진했을 때, 주변 사람들은 그의 성과를 온전히 신뢰하지 못했다. "누구 덕분에 승진했지."라는 말이 따라붙었다. 다른 직원들의 사기 또한 떨어졌다. 그 모습을 보며 이런 생각이 들었다.

'평소에 성실하게 일하고 실력으로 인정을 받아 왔다면 지금쯤 떳떳하게 축하받고 있을 텐데….' 직장생활에서 관계는 분명 중요한 자산이지만, 결국 기본은 맡은 일을 잘 해내는 데서 시작된다는 걸 실감한 순간이었다.

관계가 실력보다 중요하게 여겨지는 조직에는 분명한 그늘이 있다. 불신, 줄 세우기, 묘한 경쟁심, 알게 모르게 생기는 편 가르기…. 이런 조직문화는 함께 일하는 동료를 협력의 파트너가 아니라, 경계의 대상으로 만들어 버린다. '내가 누구와 친하냐?'가 평가 기준이 된다. 사람들은 본능적으로 눈치를 본다. 때로는 잘 보이기 위해 스스로를 꾸미게 된다. 결국 조직은 비생산적인 방향으로 흐를 수밖에 없다.

인맥 중심의 관계는 사적인 소문으로 이어지기 쉽고, 직장 내 신뢰를 흔들고 분위기를 흐리는 부작용도 낳는다. 어떤 이들은 대화의 시작을 늘 타인의 이야기로 연다. 처음엔 공감하다가도 점차 그 대화가 뒷담화임을 깨닫는다. 감정이 앞서서 하는 말은 쉽게 튀어나오지만, 결국 자신도 누군가의 이야깃거리가 된다는 사실을 간과한다. 게다가 업무에 사적인 감정이 섞이면 신뢰는 쉽게 무너진다. 평정심을 잃은 판단은 결국 결과에도 영향을 미친다. 중요한 건, 그런 실수는 한 번으로 끝나지 않고 조직 안에서 꼬리를 물고 이어진다는 거다.

진정성 없는 관계는 본색을 드러내기 마련이다. 예전에는 가까웠지만, 어느 날 이유 없이 등을 돌려 서먹해진 동료가 있다. 그 관계는 마치 목적 달성을 위한 수단처럼 느껴졌다. 필요할 때만 접근하다 관심이 사라지면 금세 돌아섰다. 그런 모습에 마음이 다친 적이 몇 번 있다. 마치 내가 이용당한 것 같은 기분에 밤잠을 설친 날도 있다. 그런 사람 곁에 있으면 나도 모르게 상처를 입고 자존감까지 흔들렸다. 처음엔 그런 관계를 이해하려 애썼지만, 이제는 거리 두는 법을 배웠다. 굳이 모든 말과 모든 사람에게 반응할 필요가 없다는 것을. 선을 그으며 대화의 깊이를 조절하는 것만으로도 예의를 갖추고 나를 지킬 수 있다는 것을. 결국 자신의 이익에 따라 태도를 바꾸는 사람은 신뢰를 잃기 마련이다.

반면, 실력과 진정성으로 만든 인연이 다시 손을 내밀어 준 일이 있다. 산하 연구기관의 연구원과 TF에서 함께 일했다. 그때 연구원의 말에 귀 기울이고, 연구원이 제안한 아이디어를 적극 반영했다. 단순한 업무 파트너가 아니라, 사람 대 사람으로 마음을 다해 대했다. 연구원은 자신이 존중받고 있다는 느낌을 받았고, 내가 일을 주도적으로 이끄는 모습을 좋게 평가했다. 우리 사이엔 신뢰가 싹텄다. 수년 뒤 그 연구원이 타 기관의 책임자로 가게 되었고, 내가 추진하던 정책에 도움이 될 만한 참고 자료를 보내주어 큰 힘이 되었다.

실제로 어려움에 부닥쳤을 때 도움을 주는 사람은 과거의 술자리를 함께한 사람이 아니다. 함께 일하며 진정성 있는 관계를 맺고 실력을 인정받았던 사람이다. 진심과 실력이 쌓여야 비로소 관계도 따라온다는 것을 다시금 느꼈다.

"실력이 없으면 인맥은 민폐고, 실력이 있으면 인맥은 배가 된다."라는 말은 박항서 전 베트남 축구 국가대표팀 감독이 한 것으로 알려져 있다. 그는 실력과 인맥의 관계에 대해 위와 같은 말로 실력을 강조하며, 인맥보다 실력을 우선시하는 태도를 당부했다. 이 말은 단순히 스포츠계에만 국한되지 않고 다양한 분야에서 통용되는 진리로 여겨진다. 실력이 없다면 주변 사람들에게 피해를 줄 수 있지만, 실력이 있다면 인맥은 더욱 큰 힘이 되어 성공에 기여한다. 이는 개인 역량을 강화하고 실력을 바탕으로 건강한 네트워크를 구축해야 함을 강조한다.

그렇다. 인맥은 실력 위에 세워져야 한다. 억지로 만들 필요도 없고, 잘 보이려 애쓸 필요도 없다. 결국 사람은, 실력과 태도로 기억된다. 성실한 자세와 책임감 있는 일 처리, 그리고 흔들림 없는 신뢰는 결국 좋은 성과로 이어진다. 그리고 그 성과는 진정한 관계를 지속시키는 바탕이 된다. 눈앞의 관계에 조급해하지 말고, 내 자리에서 묵묵히 실력을 키우며 신뢰를 쌓자. 그것이야말로 든든한 인맥 관리이며, 시간이 흘러도 흔들리지 않는 진짜 자산이 되어 줄 것이다.

3

멘토와 꼰대는 한 끗 차이

2004년생이 왔다.

신규 직원의 나이는 우리 국 간부들의 자녀보다 어렸다. 내 큰아이보다도 열 살이나 어린 셈이다. 여러 가지 생각이 스쳤다. '어느새 내 나이도 이렇게 되었구나.' 하는 생각과 함께, 신규 직원을 자식처럼 보호해 주고 싶은 마음이 들었다. 또 한편으로는 '내가 그 나이대에 겪었던 어려움과 시행착오를 신세대 직원이 잘 극복할 수 있을까?' 하는 걱정도 되었다. 세대 차이로 인한 문화적 격차나 일하는 방식의 차이를 고려해서 업무를 알려줘야 한다고 생각하니 앞이 캄캄했다.

간부들도 긴장한 모양이다. 고민이 얼굴 가득 쓰여 있다. 세대 차이가 너무 커서 기존의 방식으로는 관계를 유지하고 지도하기 어렵다고 생각한 듯했다. 의사소통에 어려움이 생길까 봐 염려했다. 어쩌면 그런 반응은 당연한 일인지도 몰랐다. 같은 집에서 30년 이상을 함께 살아온 부모 자식 사이에도 세대 차이가 느껴지는데, 살아온 시대와 환경이 서로 다른 신입과의 차이가 전혀 없을 수는 없을 테니 말이다.

2018년, 『90년생이 온다』라는 책이 출간되고 직장에서 큰 화제가 됐다. 기존 직장문화와는 새로운 세대의 가치관과 행동 방식이 다른 직원들을 맞이하며, 조직이 변화하지 않으면 뒤처질 수 있다고 했다. 공직사회에도 90년대생이 들어오면서 기존 세대와의 갈등이나 차이점을 이해해야 한다고 강조했다. 상급 기관에서 책을 구매해 소속 기관에 배포하고 읽어 볼 것을 권장했다. 하지만, 막상 현실 직장에서는 난감했다. 업무에서는 신세대가 기존 세대의 방식에 맞추는 경우가 많았다. 반면에, 기존 세대는 신세대의 가치관이나 변화에 맞추기 위해 눈치를 보는 분위기가 더 강했다. 익숙하지 않은 세대와의 소통방식과 일하는 방식에 적응하기 위해서는 시간이 필요했다.

그런 와중에, 2000년대생이 와버린 것이다.
직장생활이 처음인 신규에게는 업무 외에도 궁금한 점이 많다. '근무복 차림은 어느 수준으로 해야 하는지, 직원 간 호칭은 뭐라고 해야 하는지….' 그런데 요즘 선배 세대들은 웬만하면 말문을 닫으려 한다. 선배들이 후배에게 조언하면 꼰대 취급받을까 봐 후배들을 가르치려 하지 않는다. 오히려 거리를 두는 일도 있다. '꼰대'라는 부정적 이미지가 우리 사회에 강하게 자리 잡으면서, 후배를 도우려는 좋은 의도가 자칫 강요나 간섭으로 비칠까 걱정되었기 때문이다. 멘토와 꼰대 사이의 미묘한 경계는 선배들에게 심리적 부담감을 주었다.

 그렇다고 모른 척할 것인가. 우리 국 간부들이 머리를 맞댔다. 신입직원이 직장생활에 잘 적응하고 완주하기를 바랐다. 2004년생 신규 직원을 포함하여 근무 경력 1년 미만 직원 4명을 위한 프로그램을 진행하기로 했다. '멘토-멘티 든든한 동행'이라고 정했다. 중요한 것은 '멘토' 지정이었다. 아무도 나서지 않을까 봐 걱정되었기 때문이다. 멘티에게 업무와 직장문화, 그리고 직장 내 인간관계 등에 대해 도움을 줄 수 있는 선배들로 신청을 받았다. 다행히 후배들을 위해 선배들이 멘토로 나서 주었다. 멘토와 멘티를 1:1로 매칭했다. 인사·복지제도부터 고객 응대, 업무별 실무까지 각 멘토가 한 분야씩 맡았다. 멘토들은 단순히 업무를 전수하는 데 그치지 않고, 세대 간 다리를 놓는 역할도 해주었다. 멘토는 후배가 낯설어하는 조직문화를 친절히 설명하며 적응을 도왔다. 반대로, 선배들이 새로운 디지털 기술에 대해 어려워할 때는 멘티 후배가 알려주기도 했다.
 멘토·멘티 활동이 원활하게 이루어지도록 활동비도 지원했다. 멘토와 멘티가 맛집에서 함께 식사하고 차를 마시며 가까워졌다. 영화를 함께 보는 팀도 있고, 책을 사서 함께 읽은 팀도 있었다. 프로그램이 끝나는 날, 멘토와 멘티들이 한자리에 모여 소감을 나눌 수 있는 자리를 마련했다. 새내기 직원들에게 응원의 마음을 담은 선물꾸러미도 준비했다. 멘토를 위한 선물도 빼놓지 않았다.

"선배님이 따뜻하게 대해주고 많은 것을 알려주셔서 직장생활에 대한 두려움이 없어졌습니다. 앞으로도 선배님의 귀중한 가르침을 잘 익혀서 열심히 하겠습니다." 한 멘티가 소감을 밝혔다. "신입 멘티 직원이 잘 따라줬고, 하나라도 더 배우려고 하는 자세에 감동해서 저도 멘토 역할을 열심히 할 수 있었습니다. 멘토 역할을 하면서 제가 오히려 배운 게 많습니다."라고 멘토도 화답했다. 또 다른 멘티는 "선배님이 직장생활에 필요한 꿀팁을 아낌없이 알려 주셔서 고마웠습니다. 저는 직장에서의 멘토를 넘어서, 인생의 멘토를 만난 것 같아요. 든든한 지원군이 생겼으니까요."라고 말했다. 그리고 자신의 멘토에게 정성스럽게 포장한 초콜릿을 건네자 모두 "와!" 하고 환호성이 터졌다.

'멘토-멘티 든든한 동행' 프로그램은 선배와 후배 모두에게 적응과 배움의 시간이 되었다. 간부들이 했던 처음의 걱정은 기우였다. 신입 멘티들이 긍정적으로 받아들이는 모습이 무척 대견했다. 새내기 직원들은 직장에 빨리 적응할 수 있었고 동료들과도 잘 어울렸다. 선배 멘토들도 기꺼이 자신들의 지식과 경험을 나눠주려는 배려심이 아름다웠다. 멘토-멘티 활동을 통해 우리 국 분위기는 전보다 한층 밝아졌다. 다른 직원들에게도 본보기가 되어 선후배 간의 소통과 협력이 자연스럽게 이루어졌다.

세상의 변화 속도만큼이나, 직장문화 역시 빠르게 달라지고 있다. 한때 정답이라고 여겨졌던 방식이 어느새 낡은 방식으로 취급되기도 한다. 시대가 바뀌면 일하는 방식도, 사람을 대하는 소통방식도 달라지는 건 자연스러운 일이다. 그런 변화 속에서 후배에게 조언을 건네는 일은 쉽지 않다. 하지만 결국, 멘토와 꼰대의 차이는 단 한 끗, 그리고 그 한 끗은 바로 '상호존중'과 '진심 어린 소통'에서 시작된다고 믿는다.

4

내가 상사를 선택할 수 있다면

"상사를 내가 선택할 수 있다면, 직장생활이 좀 더 쉬울까?"

직장생활에서 수없이 많은 상사를 만났다. 그중 단 한 명도 똑같은 사람은 없었다. 나와 딱 맞는 상사도 없었다. 상사마다 일하는 방식, 말투, 보고받는 스타일이 달랐다. 어떤 상사는 상세한 보고서를 원하고, 어떤 이는 최대한 간결하게 쓰라고 했다. "보고서 서두에 추진 배경 부분 있지, 그거 빼."라고 직설적으로 말하는 상사가 있는가 하면, "이 부분 다르게 접근해 보면 어떨까?" 하고 완곡하게 표현하는 이도 있었다.

업무 스타일만 다른 게 아니다. 어떤 상사는 일 중심이고, 어떤 상사는 관계 중심이다. 오직 일 이야기만 하는 상사가 있는가 하면 반면, 어떤 상사는 팀원 개개인의 사적인 이야기를 먼저 꺼낸다. 심지어, 상사마다 좋아하는 점심 메뉴도 제각각이라 그 취향을 따라야 했다. 얼큰한 순대국밥을 좋아하는 상사와는 일주일에 세 번도 국밥집에 갔다. 면 요리를 좋아하는 상사를 만나면 냉면, 콩국수, 해물칼국수, 막국수, 팥 옹심이 반반 칼국수… 매일 국수 투어를 해야 했다.

보고서에 '목숨 거는' 과장을 만난 적이 있다. 성격도 무척 급했다. 지시한 내용은 무슨 일이 있어도 다음 날 출근 전까지 끝내야 했다. "메일 보내놓고 가."라는 한마디만 남기고 과장은 퇴근했다. 나는 밤늦게까지 작업을 마쳐 메일을 보내고 퇴근했다. 그런데 다음 날, 과장의 생각은 어제와 달라져 있었다. 그날 저녁도 밤 11시가 다 되어 다시 보고서를 수정했다. 보고서를 낼 때마다 또 다른 수정이 생겼고, 다음 날도 그다음 날도 상황은 반복됐다. 그렇게 여덟 개의 대안이 만들어졌다. 과장의 기대에 부응하기 위해 세부 참고 자료를 찾고 정리하는 데에도 긴 시간이 걸렸다. 다른 업무를 처리할 시간은 자연스레 줄어들었고, 나의 스트레스는 1안, 2안, 3안… 그렇게 층층이 쌓여만 갔다. 결국, '나와 맞는 상사와 일할 수 있다면 얼마나 좋을까?' 하는 생각이 들기 시작했다.

과장과의 관계에도 서서히 피로가 쌓였다. 성과도 예전처럼 나지 않았다. 무엇보다 문제였던 건, 매번 상사의 의견과 지시에만 의존하다 보니 스스로 고민하지 않게 되었다는 점이다. 상사가 어려워지고, 점점 보고 자체가 부담스러워졌다. 내 생각을 전하는 일이 망설여졌고, 자연스레 대화도 줄었다. 결국엔 상사뿐 아니라 '일' 자체가 버겁게 느껴지기 시작했다. 위축되고, 업무의 주도권도 잃어버린 기분이었다.

하지만 우리 과의 직원이 모두 나와 같았던 건 아니었다. 과장의 디테일한 요구에 당황하는 사람이 있는가 하면, 단번에 통과하는 직원도 있었다. 어느 날, 그 직원이 작성한 보고서를 모두 출력해 꼼꼼히 살펴보았다. 형식, 내용 구성, 붙임 자료까지 하나하나 분석했다. 선배에게 조언도 구했다. 그러면서 서서히 알게 되었다. 단순히 지시대로 자료를 만들고 여러 개의 안을 제출하는 것만으로는 부족하다는 사실을.

중요한 건, 지시의 '의도'를 읽고, 상사가 기대하는 수준에 맞추어 스스로 기준을 높이는 일이었다. 그동안 나는 여러 차례 피드백을 받으면서도 핵심을 짚지 못했고, 상사의 기대에 미치지 못하는 보고서를 반복해서 제출했던 것이다. 과장은 그때마다 수정과 피드백을 줄 수밖에 없었다. 시간이 지나고 나서야 깨달았다. 상사가 보고서 하나에 그렇게 집착했던 건, 그만큼 책임이 크고 놓쳐선 안 될 것들이 많았기 때문이라는 걸. 그제야 비로소 나 역시 보고서 한 장을 대하는 태도가 달라지기 시작했다. 선배가 말했다.

"난, 내가 고치라고 한 것만 수정해 와서, 일일이 '이렇게 할까요, 저렇게 할까요?' 묻는 게 싫더라고. 상사가 다 떠먹여 줄 수는 없잖아. 방향과 요점을 말하면, 고민하고 보완해서 더 좋은 보고서를 내미는 사람이 이쁘던데. 과장도 같은 생각을 하고 있지 않을까."

그렇다. 상사의 피드백에 맞춰, 보고 자료의 완성도를 높여야 했다. 다음 피드백이 필요 없도록 준비하는 게 시간과 노력을 줄일 수 있는 지름길이었다. 만약 상사의 요구를 잘 이해하지 못했을 때, 더 명확한 설명을 듣고 대응했더라면 늦게까지 남아서 일할 필요는 없었을 거다.

그 이후로는 상사가 어떤 방식의 보고와 소통을 선호하는지 파악하고 최대한 맞췄다. 상사와 원활한 관계를 유지하는 것은 단순한 친분이 아니라, 내 업무를 더 수월하게 도와주는 과정이라고 생각했다. 어려워도 보고서를 자주 올리고, 의견을 묻고, 피드백을 반영했다. 단순한 업무라도 진행 상황을 자주 공유하면서 소통을 조금씩 늘려나갔다. 또한 업무 이야기만 하지 않고, 간단한 관심사를 물으며 관계를 조금씩 풀어나갔다. 그렇게 내 일을 충실히 해내고 성과를 쌓다 보니, 점점 더 주도적으로 일할 수 있는 자신감도 생겼다.

부하 직원이었을 때는 상사가 까다롭다고 느껴질 때가 많았다. '저런 상사 밑에서는 오래 있고 싶지 않다.'라고 생각한 적도 있다. 그런데 시간이 흘러 상사의 입장이 되어보니, 이런 생각이 들었다.

'그때 우리 과장도 지금의 나처럼 고민했겠구나. 다소 명확히 설명하지 않아도 정확히 이해하는 직원을 만나고 싶었겠구나⋯.'

가끔 상사와 호흡이 맞지 않아 힘들어하는 직원을 보면, 이렇게 이야기해 주고 싶다. '상사를 바꾸는 것이 능사가 아니다.'라고. 상사를 바꾸려 하기보다 먼저 자신의 업무 능력을 키우는 것이 더 현명하다고.

일을 제대로 해낼 수 있는 실력을 갖추면, 어떤 상사와도 좋은 결과를 만들어 낼 수 있다. 자신감을 키우는 데도 큰 힘이 된다. 버나드 쇼는 "적응하지 못하는 사람은 환경을 탓하지만, 현명한 사람은 스스로 조정한다."라고 말했다. 상사를 바꿀 수 없다면, 내가 조금 더 유연하고 단단해지는 것이 결국 나를 위한 길이다.

5

흑수저팀 VS 백수저팀

〈흑백요리사〉 요리 경연 예능 프로그램이 뜨겁다.

재야의 고수 '흑수저' 셰프들이 최고의 스타 셰프 '백수저'들에게 도전장을 내고, 100인의 요리사들이 오직 요리로 실력을 겨루는 서바이벌이다. 넷플릭스에서 한국 예능 최초로 비영어권 TV 부문 시청률 1위를 기록했다고 한다. 출연한 셰프들이 운영하는 식당 예약 앱을 마비시킬 정도로 인기다. 직원들도 모이면 모두 이 프로그램 이야기다.

'흑수저팀'과 '백수저팀'의 단체 요리 대결을 인상적으로 보았다. 요리사마다 성격과 요리 스타일, 소통방식이 달랐다. 두 팀의 상반된 소통이 어떤 결과를 내는지를 보면서 흥미진진했다. 단체전은 다양한 재료와 셰프들의 실력으로 만들어진 요리의 맛과, 팀워크가 중요한 평가 요소였다. 제한된 시간에 요리를 완성해야 하는 압박감 속에서 드러나는 팀원 간의 조화로움과 불협화음은 긴장감을 고조시켰다.

'흑수저팀'은, 메뉴 선정과 역할 분담부터 빛났다. 팀장은 "욕심 내려놓고 팀원들이 잘할 수 있는 거를 찾아서 융합이 잘 되게 해야겠다."라고 말하며 리더십을 발휘했다. 팀원들의 의견을 들어 메뉴를 정하고 개인들의 장점을 파악하여 역할을 분담했다. A 요리사는 야채 볶는 것을 전담했다. 한식과 다량의 요리에 장점이 있는 B 요리사는 빠르고 정교한 칼질로 묵묵히 지원했다. 팀장은 중간중간 시간을 체크하고 소통하며 진행 상황을 살폈다. 팀원을 모두 모이게 하여 맛 평가를 진행한 후, 야채 써는 방식과 볶음 방식을 빠르게 수정하기도 했다. 야채를 볶은 A 요리사가 "죄송합니다."를 크게 외쳤지만, "다 잘되자고 하는 건데요, 뭐."라며 다른 팀원들이 너그럽게 받아들이는 모습도 보였다. 자신들이 한 일이 무의미해졌음에도 불구하고 다시 일사불란하게 수정 작업에 돌입했다. 각자의 임무를 책임지고 완수하려고 애썼다. 요리 방향이 전면 수정되어 시간 내에 완성할 수 없을지도 모른다는 불안감 속에서도 팀원들은 서로를 믿고 응원했다. "시간 많으니까 천천히 맛있게 익혀주세요.", "이건 시간이 없으니 내가 할게." 등 긍정적인 말들을 쏟아내며 격려하고 도와주었다. 자신이 팀에 도움이 될 수 있을까, 피해가 가지 않을까를 걱정하며 유기적으로 움직였다. 이렇게 흑수저팀은 요리사 개개인의 능력을 존중하고 활발히 소통하며 여유 있게 미션을 완수했다.

반면, '백수저팀'은 TV를 보는 시청자도 불안하게 만들었다. 처음부터 끝날 때까지 삐거덕거리는 모습을 보였다. 팀장은 "어렵네, 개성이 너무 강해."라고 말하며 팀원에 대한 불만을 표출하기도 했다. 팀장이 방향을 정하지 못하고 팀원들에게 "어떻게 할까?"라고 물어보는 과정이 반복되었다. 팀 전체가 우왕좌왕하는 모습이었다. 처음에 어떤 요리를 할지 메뉴도 확정되지 않은 상태에서 진행이 되었다. 삼겹살을 삶았다가 튀겼다가 요리 방식이 일관되지 않았다. 심사위원 입에서 "불안불안하네."라는 말이 나오기까지 했다. 음식 위에 얹을 '고명' 하나로 옥신각신, 감자 소스 형식을 놓고도 티격태격 의견 차이가 팽팽했다. 팀장과 팀원이 싸우는 듯한 모습도 보였다. 요리하는 중간에 "나는 반댈세.", "뻘짓 했네.", "숟가락 얹으려고?" 등의 부정적인 말들이 쏟아졌다. 서로에 대한 존중과 팀워크란 찾아보기 어려웠다. 다른 팀원이 맘에 안 든다고 불평도 했다. 우여곡절 끝에 요리가 완성되었다.

미션이 끝나고 양쪽 팀원들의 반응도 확연히 달랐다. '흑수저팀'에서는 "와우, 우리 리더!", "수고하셨어요." 서로 격려했다. '백수저팀'에서는 "어휴, 진 빠진다.", "상대편 음식 먹고 싶었어요."라는 말이 들렸다.

승리는 '흑수저팀'에 돌아갔다. 그 결과 팀원 전체가 생존할 수 있었다. 흑수저팀이 승리할 수 있었던 이유는, 요리사 개인의 개성을 존중하고 팀원 모두가 하나의 목표를 향해 서로 믿고 응원했기 때문이라고 생각했다. 리더를 비롯해 팀원 모두가 활발히 소통한 결과다. 요리 과정에서 발생하는 문제나 변경 사항을 즉시 공유하고 실수를 최소화하여 요리의 완성도를 높였다. 한 심사위원은 "흑수저팀은 과정부터 결과물까지 뭔가 쭉 이어지는 느낌이 들었고, 팀워크를 활용해서 깔끔하고 맛깔스러운 맛이 나왔다."라고 평가했다. 흑수저팀의 안정된 팀플레이를 보니, TV로만 보는 시청자에게도 맛있는 음식 맛이 고스란히 느껴졌다.

〈흑백요리사〉 단체전 모습을 보며, 직장 세계와 크게 다르지 않다고 생각했다. 요리사들은 각자의 역할을 분명히 하면서 긴밀히 협력하여 좋은 성과를 냈다. 직장에서도 개인의 역량을 충분히 발휘하고 얼마나 잘 협력하느냐가 조직의 성패를 결정짓는다. 팀장은 요리사들의 역량을 파악해 각자에게 적합한 역할을 부여하고, 전체적인 방향을 제시하며 목표를 향해 함께 나아갔다. 직장에서도 리더는 직원들의 강점을 살리고 비전을 공유해야 조직의 성과를 극대화할 수 있다. 또한 요리 단체전에서 팀원들은 실시간으로 피드백을 주고받으며 협력했다. 그 결과 성공적인 결과를 끌어냈다. 직장에서도 직원 간의 명확한 의사소통이 업무 진행과 문제 해결의 핵심 요소다. 이 프로그램을 통해, 소통이 원활하지 않으면 개인 간의 충돌로 이어지고, 팀워크와 성과에 부정적인 영향을 미친다는 중요한 교훈을 다시 얻을 수 있었다.

결국 조직을 성공으로 이끄는 황금 레시피는, 서로를 믿고 존중하며 함께 나아가는 태도에 있다. 각자의 역할에 최선을 다하고, 배려와 소통, 팀워크가 자연스럽게 녹아든 조직은 시간이 지날수록 더 깊고 단단해진다. 함께 어우러질 때 비로소 개인은 빛나고, 조직은 더 멀리 나아갈 수 있다.

6

서로 다른 우리, 함께 일하는 법

"또 시작이다, 시작이야."

토요일 저녁, 참다못한 남편이 한 마디 툭 던졌다. 주말 저녁만 되면 집안에 긴장감이 돌았다. 나 때문이다. 일요일도 아닌 토요일 오후부터 나에게서 짜증이 스멀스멀 올라오기 시작했다. 그리고 그 짜증이 몸에 배어나고, 말과 행동에도 고스란히 묻어났다.

우체국 본부에서 근무할 때다. 일요일이 되면 서울에서 세종으로 내려가야 한다는 부담이 마음 깊숙이 자리했다. 흔히 말하는 월요병일 수도 있겠지만, 그보다는 더 뚜렷한 이유가 있었다. 출근하면 매일 마주쳐야 하는 '한 사람' 때문이었다. 그와 하루 종일 같은 공간에 있는 것 자체가 나를 지치게 했다. 사무실 문을 열 때마다 마주칠 생각만으로 긴장이 밀려왔다. 에너지가 빠져나가는 기분이 들었다. 그때는 집보다 직장에서 보내는 시간이 훨씬 많았다. 일도 많고 사람들과 부딪히는 일도 잦다 보니, 하루가 끝나기도 전에 피로가 몰려왔다. 해야 할 업무보다 사람에 치이는 일이 더 힘들게 느껴지던 시기였다.

그는 욕심이 많고 주도권을 쥐려는 성향이 강했다. 모든 일의 중심에 자신이 있어야만 직성이 풀리는 듯했다. 그의 욕심이 내 업무 영역까지 침범하면 나도 모르게 경쟁심이 생겼고, 결국 충돌이 생기기도 했다. 무시하려 해도 자꾸 신경이 쓰였다. 그의 말투, 그의 행동…. 그러다 보니 정작 내 일은 진행되지 않았고, 하루하루가 고단했다. 내 소중한 시간을 그에게 빼앗기고 있었다. 용기를 내어 관계를 개선해 보려 노력도 해 봤다. 내 업무에 대해 먼저 의견을 구하며 자연스럽게 다가갔다. 하지만 아무리 애써도 안 맞는 사람과는 결국 안 맞는다는 사실만 확인했다. 그때 내 모습을 지켜보던 친구가 해준 말이 지금도 선명하게 기억난다.

"넌 참 많이 노력했어. 그의 욕심에 휘둘리지 말고, 너만의 일과 목표에 집중해 봐. 어차피 그는 너와 다른 사람이니까."

맞다. 그와 나는 다르다. 여러 번 노력해 봤지만 맞지 않는다면, 그 차이를 인정하는 것이 오히려 현명한 선택이었다. 모든 사람이 나와 같을 수는 없으니까. 차이를 인정하고 적당한 거리에서 바라보는 것, 어쩌면 그것이 관계를 유지하는 길일지도 모른다는 생각이 들었다. 그때부터 나는 감정적으로 휘말리지 않기 위해 나만의 '관계 거리 두기' 원칙을 세워 보기로 했다.

첫째, 필요 이상의 대화는 줄이되, 예의는 지키기
둘째, 상대를 의식하기보다 내 일에 더 집중하기
셋째, 감정이 흔들릴 땐 잠시 거리를 두고 마음을 정리하기

이렇게 나만의 룰을 만들고 나니 감정 소모가 줄었다. 업무 몰입도도 조금씩 높아졌다. 돌이켜보면, 조금만 더 일찍 '다름'을 받아들였더라면, 그동안 불필요한 감정 소모를 덜 수 있었을 것이다. 억지로 맞추려 하기보다 자신을 위한 거리 두기 연습이 먼저 필요했다.

직장은 다양한 사람들이 함께 일하는 공동체다. 그러다 보니 인간관계에서 오는 고민과 스트레스는 피할 수 없는 일이다. 하지만 그 감정을 오래 품고 있으면 결국 가장 지치는 건 나 자신이다. 억지로 관계를 끌고 가기보다, 마음의 무게를 덜어내고 나에게 더 의미 있는 일에 집중하는 게 좋다. 에너지를 나 자신에게로 돌리면 관계도, 일도 한결 가벼워진다.

사실 많은 직장인이 일보다 사람 때문에 더 힘들다고 말한다.

23년 8월, 한 설문 기관에서 전국 직장인 1,000명을 대상으로 '대한민국 직장인 삶의 만족도' 조사를 했다. 조사 결과, 삶의 만족도에서 직장생활이 차지하는 비율은 59%로 절반 이상으로 나타났다. 그런데 직장생활 만족도에 가장 큰 영향을 주는 요인으로 응답자 27.8%가 '직장 내 인간관계'를 꼽았다. 2위로는 '근무환경'이 22.6%, 3위는 '연봉 수준'이 19.7%를 차지했다. 연봉이 높아도, 직장에서의 관계가 중요하다는 얘기다. 비슷한 해외 사례도 있다. 영국의 한 비즈니스 기술 플랫폼의 조사 결과에서도, '동료의 영향(20%)'과 '주변의 격려(18%)'와 '인정(14%)'이라고 응답한 직장인이, '급여와 복지(7%)'라고 응답한 직장인보다 훨씬 더 많았다고 한다.

직장 내 인간관계가 힘든 이유는 다양하지만, 결국은 '다름'을 인정하지 못해서 생기는 경우가 많다. 갈등, 경쟁, 소통의 차이도 결국은 서로를 자기 기준에 맞추려는 데서 비롯된다. 나 또한 그랬다. 나와 다른 사람을, 있는 그대로 받아들이지 못했던 내 마음이 알고 보니 갈등의 뿌리였다.

직장도 결국 내 삶의 일부다. 그렇다면 조금은 너그러워지고, 때로는 현명하게 거리를 두는 지혜도 필요하지 않을까? 오랜 시간 직장생활 하며 비로소 알게 되었다. 내가 불편해했던 그 사람에게도 배울 점은 있었다는 것을. 그조차도 결국은 나를 단단하게 만든 자양분이 되었다는 것을. 서로의 다름을 인정하는 것, 그것이 함께 일하는 우리가 지켜야 할 가장 단순하면서도 깊은 약속이다.

7

누군가의 발걸음이 되다

지원과에 있는 신 주무관이 사내 메신저로 쪽지를 나에게 보내왔다.

"선배님, 바쁘세요? 커피 한잔 사주세요." 전에 함께 근무하며 나에게 조언을 구하고 잘 따르던 직원이다. 휴게실로 갔다.

"왜, 무슨 일 있어? 얼굴색이 별로인 걸 보니 고민 있구나."

"별일 아니에요, 그냥 달달한 게 생각나서요."

신 주무관의 눈빛을 보니, 단순히 커피를 마시고 싶어 나를 부른 게 아니라는 걸 짐작했다.

"사실은 고민이 있어서요. 지난주부터 제가 힘들게 만든 계획안을 우리 계장님이 과장님한테 혼자 가서 보고하고 오셨더라고요. 정말 심혈을 기울여서 만들었는데, 매번 그러시니까 고생한 보람도 없어요."

어렵게 꺼내는 걸 보니 신 주무관이 며칠 속을 끓인 모양이다. 그 직원은 승진을 앞둔 상황이었다. 조만간 승진 심사일이 돌아오는데, 과장한테 보고할 기회를 놓쳤다고 생각하니 서운했던 모양이다.

직장에서 언제나 실적을 독차지하려는 상사가 있다. 팀원들은 자신의 노력과 성과를 인정받지 못하면 의욕이 떨어진다. 따라서 팀장은 팀의 성과를 이끌고, 팀원들이 성장할 수 있도록 도와야 한다. 그런데 오히려 자신의 자리와 평가를 위해 팀원들의 노력을 자신의 공로로 포장하는 팀장들이 가끔 있다. 이런 사람은 팀원들의 지지와 조직 내에서 신뢰를 잃을 수밖에 없다. 직장은 개인의 역량뿐만 아니라 팀워크와 협업, 그리고 신뢰가 중요한 곳이다. 혼자만 돋보이려 하고 성과를 독차지하려는 태도는 단기적으로 평가를 좋게 받을 수 있지만, 장기적으로는 조직 내에서 고립될 수 있다. 팀원이 고생하여 이룬 성과물을 팀장이 보고한다고 해도, 윗사람은 다 안다. 누가 보고서를 작성하고, 그 과정에서 누가 얼마나 고생했는지를 충분히 파악할 수 있다.

후배가 더 뛰어난 역량을 보이거나 성장을 도와야 할 시점이 오면, 선배는 기꺼이 주도권을 양보하는 게 바람직하다. 그 이유는 세 가지로 요약될 수 있다.

첫째, 선배는 자기 경험과 지식을 후배에게 전달한다. 후배는 이를 바탕으로 새로운 아이디어를 더하고, 기존 방식을 개선해 나갈 수 있다.

둘째, 선배의 신뢰와 기회 제공은 후배의 동기부여를 높이고 빠른 성장을 이끈다. 결국 이는 조직 전체의 역량 향상으로 이어진다.
셋째, 후배를 지원하는 과정에서 선배 역시 새로운 관점을 배우고 함께 성장할 수 있다.

작년 여름, 아들 첫 골프 라운드를 위해 함께 필드에 나갔다. 일명 '골프 머리 올리기'라고 하는데, '골프를 배운 사람이 연습만 하다가 필드에 나가서 라운드를 처음 하는 것'을 의미한다. 예전에 운동하러 갔을 때, 가족이 함께 운동하는 모습이 보기 좋았다. 나도 해보고 싶었다. 운동 가는 날, 새벽 4시에 눈을 떴다. 며칠 전부터 준비한 커피와 초콜릿, 과일 등을 아이스 백에 담았다. 지퍼가 잠기지 않아 꽉꽉 눌렀다.

"물 하나만 있으면 되지, 뭘 그렇게 많이 가져가요." 남편이 한마디 한다.
"아들이랑 외출하는 것만으로도 좋은데, 필드에 같이 나간다고 생각하니까 잠이 안 오네. 하하. 우리 빨리 갑시다."

골프 라운드가 예약되고부터 나는 아들에게 필드에서의 매너, 골프 용어 등 이것저것을 알려주기 시작했다. "공을 칠 때는 언제나 공치는 사람의 뒤에 있어야 해. 공을 치기 전에 방향과 목표를 정하고, 어깨 힘을 쭉 빼고 골프채를 툭 떨어뜨려." 골프장으로 가는 차 안에서도, 아들에게 레슨은 계속됐다.

드디어 플레이가 시작되었다. 아들 차례다. "머리 들지 말고, 연습장에서 배운 대로만 해." 나의 레슨이 계속되자 남편이 나의 어깨를 툭 치며 눈짓했다. 아들은 골프 배운 지 3개월밖에 되지 않았는데 제법 자세가 좋았다. '정석대로 잘 배웠구나.' 생각했다. 아들은 오버 스윙도 하지 않고, 회전을 통해 허리의 힘을 이용할 줄도 알았다. 캐디도 처음 필드에 나온 사람치고는 잘한다며 아들에게 작은 인형이 달린 골프 티꽂이를 선물로 주었다. 우리 모두 아들을 향해 "나이스 샷!"을 외쳤다. 드라이버가 제대로 맞았다. 거리가 엄청났다. "이야! 배운 지 겨우 3개월밖에 되지 않았는데, 엄마보다 잘하네. 우리 아들 최고다." 아들이 성장한 모습을 보며 흐뭇하기도 하고 엄마보다 더 나은 모습을 보여주니 기뻤다.

"오늘 컨디션이 안 좋네. 오래간만에 나와서 그런지 허리도 아프고." 나의 부진한 실력을 그런 핑계로 슬쩍 넘기고 말았다. '그래도 내가 10년은 했는데….' 조금 아쉽기도 하고 민망하기도 했다. 내가 아들보다 경험이 많다는 이유로 아들한테 잔소리하고 가르치려 했으니. 앞으로 아들과 더 멋진 라운드를 위해서 나도 열심히 연습해야겠다고 생각했다. 그 후 아들과 함께 TV로 골프 경기를 보고, 도움이 되는 유튜브 채널도 알려주며 정보를 나눴다.

자식이 성장하며 부모보다 더 나은 실력을 보이는 것은 자연스러운 일이다. 부모는 오랜 경험을 통해 얻은 지식과 기술을 자식에게 전하지만, 자식은 새로운 것을 더 빠르게 익힐 수 있다. 30년 넘게 직장생활을 한 엄마보다, 아들이 한글 워드 기능을 더 잘 알고 속도도 빠르다. 10년 넘게 골프를 친 엄마보다 이제 겨우 3개월 된 아들의 실력이 더 나은 것도 마찬가지다. 오늘 경험을 통해 깨달았다. 부모는 단순히 경험을 나누는 존재가 아니라, 자식의 의견과 능력을 존중하며 기다릴 줄 알아야 한다고. 부모로서, 어른으로서 자식의 성장을 조용히 지원하는 역할이 더욱 중요하다는 것을.

가정에서 부모가 자식의 성장을 응원하며 건강한 가족문화를 만들 듯, 직장에서도 후배의 성장을 지지하고 격려하는 선배가 좋은 리더십을 발휘할 수 있다. 후배는 "든든한 선배님 덕분입니다."라고 말하고, 선배는 "후배를 만나 행운이었다."라고 화답하는 순간이 많아질 때, 우리는 함께 성장하는 더 좋은 일터를 만들 수 있다.

8

나를 넘어 조화를 이루는 시간

'심포니오케스트라', '필하모니 오케스트라'와 같이, 오케스트라 앞에 심포니(symphony), 또는 필하모니(philharmony)라고 붙는 것을 볼 수 있다. 심포니의 sym은 '함께하다.'라는 뜻이고, phony는 '소리'를 말한다. 함께 소리를 낸다는 의미다. 필하모니의 phil은 '사랑하다.'를, harmony는 '조화, 화합'을 뜻한다. 즉, 조화를 소중히 여긴다는 가치를 내포한다. 두 가지 의미를 종합해 보면 '오케스트라'는 각자의 소리가 어우러져 아름다운 조화를 이루어 가는 무대라고 할 수 있다.

바이올린, 첼로, 플루트, 트럼펫 등 서로 다른 소리를 내는 악기들이 한데 모여 조화를 이룰 때, 하나의 웅장한 선율이 탄생한다. 만약 각자 자기 소리만 내겠다고 고집한다면, 그 곡은 불협화음으로 가득 찰 것이다.

직장도 이와 다르지 않다. 각기 다른 개성을 지닌 구성원들이 하나의 목표를 향해 조화를 이루며 나아가는 무대와 같다. 직장생활 36년 동안 다양한 사람을 만났다. 일하는 스타일도 각양각색이고 성격도 제각기 달랐다. 어떤 사람은 성격만 급해 즉각적으로 움직였고, 또 다른 사람은 느긋하지만 능숙하게 일을 처리했다. 닫힌 사고로 변화에 저항하는 사람이 있는가 하면, 열린 사고로 유연하게 대처하는 사람도 있었다.

우체국 본부에서 근무할 때는 전국에서 선발된 직원들과 함께 일했다. 고유한 생활 방식을 가진 다양한 연령대의 직원들이 함께 모여 여러 형태의 일을 했다. 그러다 보니 마찰이 생기기도 했다. 특히, 우체국 현장이나 본부 다른 부서의 의견을 듣고 결정해야 할 정책이 많아서 이견 조율이 쉽지 않았다. 상황에 따라 방향과 일 처리 방식을 바꾸는 유연성이 필요했다. 본부에서는 내부 회의, 외부 미팅, 협상이 끊임없이 이어졌다. 그래서 다른 사람의 의견을 경청하고 열린 마음을 유지하는 자세가 더 필요했다. 어느 직장이든 혼자만의 연주로는 감동을 줄 수 없듯이, 내가 일했던 본부도 모두가 협력해야 성과를 낼 수 있는 곳이었다.

'내가 벽에 대고 말을 하나?'라고 착각하게 하는 '벽창호' 선배가 우리 과의 '영업계'에 있었다. 관서 규모에 따라 다르지만, 본부는 과(課) 아래 계(係)가 있다. 직원들이 그 선배와 말 섞기를 꺼렸다. 업무도 서로 엮일까 피했다. 그 선배는 다른 사람의 의견을 듣지 않으려 했다. 자기 세계에 꽉 갇혀 있으니, 개인 관계는 물론이고 부서 간의 협조에 방해가 될 수밖에 없었다.

우리 부서에 새로운 프로젝트가 떨어졌다. 상품 안내장 형식을 모두 바꾸기로 했다. 디자인부터 내용까지 모두 바꿔야 하는 큰 프로젝트였다. 월요일 주간 회의 때 과장이 말했다.

"안내장은 영업계 업무지만 내용에 오류가 있으면 큰일 나니까, 상품을 직접 만든 상품계에서 하는 게 어때? 보험회사에서 일을 해본 최 주무관도 있고." 그러자 '벽창호' 선배가 갑자기 큰 소리로 말했다. "우리 계에서 하겠습니다." 과장은 잠시 당황한 표정을 지으며 멈칫하더니, "그럼, 상품계는 신상품 개발로 바쁘니까, 영업계에서 책임지고 추진해. 상품계는 체크해 주고."

우리 상품계의 최 주무관이 자신의 바쁜 업무에도 불구하고 영업계에서 작성한 자료를 검토했다. 규정집을 찾아가며 문구 하나하나 꼼꼼히 살폈다. 최종 검토 의견을 영업계 '벽창호' 선배에게 메일로 보냈다. 다음날 출근하자마자 벽창호 선배가 씩씩거리며 우리 상품계로 왔다. 우리 계의 의견에 관해 근거를 요구하며 반박했다. 최 주무관이 관련 지침과 타 보험사 사례를 내밀었다. 고생하며 검토해 준 보람도 없이 싫은 소리를 듣자, 최 주무관은 얼굴이 붉어졌다. 벽창호 선배는 귀 기울여 듣지 않았다. 본인의 고정된 생각에 갇혀 그 틀을 탈피하지 않으려 했다. 몇 번을 말해도 소용없었다.

그의 고집대로 상품 안내장을 인쇄했다. 결국 일이 터지고 말았다. 상품 판매원들이 오류 사항을 지적했다. 인쇄된 안내장을 폐기하고 다시 제작해야 했다. 그 결과 비용 낭비는 물론, 수정한 안내장이 예정일보다 늦게 나와 판매원들의 불만이 쏟아졌다.

타인의 의견을 듣지 않는 습관과 고집스러운 벽창호 계장의 태도는 쉽게 고쳐지지 않았다. 그 이후로도 여러 차례 다른 과와 업무 충돌을 일으켰다. 자신과 통한다는 사람들하고만 어울리며 점점 고립되었다. 자기만의 세계에 갇혀 지낸 것이 조직의 화합과 발전에 장애가 되었던 거다.

반면, 주위 사람의 의견을 경청하고 협력을 잘 끌어내는 직원이 있었다. "이 방법도 괜찮네요."라고 하며 사람들과 소통하고, 어려운 업무도 물 흐르듯 원만하게 처리해 냈다. 그 직원이 열린 마음으로 소통하는 데는 이유가 있었다. 그 직원은 3년 전부터 두 개의 동호회에 나가고 있었다. 디지털 학습 모임과 여행 모임이다. 두 모임에서 총무를 맡고 있다고 했다. 어느 날 복도에서 우연히 그 직원을 만나 물어보았다.

"차 주무관! 주말에 여행 모임 다녀와서 피곤하지 않아? 모임에 나오는 사람들은 차 주무관 또래야?"

"아니요. 새로운 사람들을 만나면 오히려 에너지가 솟아요. 나이도 직업도 정말 다양해요. 최고 67세 어르신도 있어요. 모두 자기 의견만 내세우지 않고 맞춰가며 함께하고 있어요." 차 주무관 눈에서 빛이 났다.

그는 동호회의 여러 문제를 조율하고 해결하다 보니 웬만한 일에는 겁이 나지 않는다고 했다. 또 동호회 활동이 자신에게 큰 자극이 된다고도 덧붙였다. 그 직원에게서 에너지가 느껴졌다. 그날 저녁에는 디지털 학습 온라인 모임에도 참여할 예정이라고 했다. 많은 사람과의 교류는 그 직원에게 소중한 밑거름이 되어 있었다. 그 속에서 소통과 배려를 배우면서 더 넓은 시야를 키워가고 있는 것이 분명했다.

직장은 혼자서 만들어 가는 곳이 아니다. 다양한 사람들이 모여 각자의 역할을 다하고, 때로는 부딪히고, 또 조율하며 함께 만들어 가는 공간이다. 서로를 이해하려는 노력과 열린 마음, 함께 성장하려는 태도가 쌓일 때 직장은 단순히 일이 아닌 조화로운 하모니를 이루는 공간이 된다.

직장생활 황금 레시피

⑦ 팀워크보다 내 일만 하면 된다고 생각하는 직원에게

부하의 속마음: 내 일은 깔끔하게 끝냈잖아요. 더 뭘 바라시지…?
상사의 속마음: 직장은 혼자 하는 게 아니라 같이 하는 거야.

☞ '개인의 성실'만으론 팀 전체 퍼즐이 완성되지 않는다. '내 일은 끝났다.'라는 생각보다, '팀은 아직 안 끝났다.'라고 눈치를 챌 때, 당신은 팀에 꼭 필요한 사람이 된다. 중요한 건, 태도다.

⑧ 부하 직원이 눈에 띄게 실수했을 때 당장 혼내, 말아?

부하의 속마음: 다들 듣고 있는데 꼭 지금 말해야 하나요?
상사의 속마음: 지금 지적 안 하면 다음에도 또 저럴 텐데….

☞ 지적도 타이밍이다. 모두 듣는 자리에서는 사실만, 감정은 잠깐 꺼두기. 1:1에선 '왜 그랬는지?' 들어보고, '다음엔 이렇게 해보자.' 기회를 주자. 실수는 누구나 하지만, 그걸 어떻게 다루느냐가 팀 분위기를 바꾼다.

⑨ 위에서는 성과 압박, 아래서는 불만 폭주!

부하의 속마음: 계장님은 왜 맨날 위 눈치만 보지?

계장의 속마음: 사이에서 치인다, 치여. 나도 힘든데….

☞ 중간관리자는 '샌드위치'가 아니라 '번역기'여야 한다. 윗선의 말은 뜻을 풀어 아래로 전하고, 아랫사람의 목소리는 소음으로 넘기지 말고 신호로 정리해 올리자. 전달자에 머무르면 오해가 쌓이고, 해석자가 되면 신뢰가 쌓인다.

4장

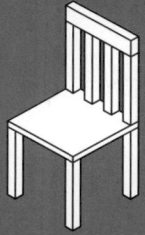

작은 차이를 놓치지 않는,

내공 있는 직장인으로

우리 안에는 다이아몬드 같은 잠재력이 있다. 그 가치를 발견하고 정성껏, 그리고 꾸준히 다듬어 간다면, 세상에 단 하나뿐인 나만의 빛을 낼 수 있을 것이다.

1

일만으론 채워지지 않는 나를 위해

"나에게도 나만의 삶의 목표가 있을까?"

늘 나를 다그치며 살아왔다. 그러나 해야 할 일에만 매달렸을 뿐, 정작 나 자신을 위한 뚜렷한 목표 같은 건 없었다. 설레게 하고 온 마음을 다해 몰두할 수 있는 목표, 행복을 위해 꾸준히 노력할 만한 그런 목표 말이다. 지금껏 열심히 달려온 길이 어쩌면 다른 사람들의 기준이나 기대에 맞춘 것이었는지도 모른다는 생각이 들었다. 기대에 부응하려 쫓기고 애쓰는 사이 정작 내 삶의 방향을 돌아볼 여유는 없었다. 그저 앞만 보고 달려왔다.

많은 직장인이 나와 같을 수 있다. 젊었을 때야 직장 일에 치이고 애들 어린데 그럴 새가 어디 있냐고 말할 수 있다. 나도 그렇게 생각하며 지금껏 살았다. 그런데 직장생활 동안 매일 매일이 같았다. 시간이 저절로 생기지는 않았다. 명확한 목표가 있고 그 목표를 향한 활동이 일과 조화를 이루었다면, 긴 직장생활 속에서도 삶에 활력을 느꼈을 것 같다. 수시로 찾아온 스트레스와 긴장감을 줄이고 견뎌낼 힘이 되어 주었을 것이다. 완벽한 목표일 필요는 없었다. 작은 목표라도 세우고 시도했다면 좋았을 텐데…. 퇴근 후 30분이라도 나만의 시간을 가졌다면, 내 삶은 조금 더 풍요로웠을 것 같다. 그랬더라면 원하는 방향으로 한 발 더 나갔을지도 모른다. 그런 기회를 놓친 것이 아쉬움으로 남는다.

새해가 되면 매년 설렘과 함께 새해 목표를 세웠다. 마치 연례행사처럼 반복되었다. 첫날에는 1년 365일이라는 시간이 많이 남아 있어 뭐든지 할 수 있을 것 같았다. 새로 산 다이어리에 올해 이루고 싶은 목표들을 적었다. 열 개도 넘는다. 그럴듯해 보이는 목표들이다. 그런데, 참 신기하다. 작년 목표들과 비슷하다. 독서하기, 운동하기, 여행하기, 영어 공부하기… 그런 빼곡한 목표들이 연말이 되면 제대로 이루어진 해가 별로 없다. 작심삼일로 그치는 경우가 많았다. 매년 그랬다. 왜 그럴까?

욕구 이론 중 하나인 데시와 라이언의 '자기 결정성 이론(Self-Determination Theory, SDT)'에서 이유를 찾을 수 있었다. 이론에 의하면, 우리의 행동은 내재적인 동기와 가치에 의해 결정된다고 한다. 내적동기는 외부 보상이나 압력 없이 그 자체로 의미와 즐거움을 느껴서 행동하는 동기를 말한다. 자기가 하고 싶어서 스스로 세운 목표는 몰입도가 높아진다는 거다. 자신의 선택과 결정으로 행동할 수 있는 자유가 강할수록 내적동기가 강화된다고 한다. 즉, '해야 한다.'라는 의무감이 아니라 '하고 싶다.'라는 욕구에서 시작해야 더 자연스럽고 열정적으로 몰입하게 된다는 것이다.

그랬다. 매년 세웠던 새해 목표가 내가 진정으로 하고 싶었던 목표는 아니었던 거다. 왠지 나도 해야만 할 것 같은, 남들은 다 하는데 나만 하지 않고 있는 것 같은 목표였다. 나에게 가슴 떨리는 목표, 간절히 이루고 싶은 목표도 아니었다. 주변 환경이나 다른 사람과의 관계 때문에 세웠던 목표가 나를 행동하게 했었다. 그런 외적인 목표를 세웠기 때문에 실패할 수밖에 없었다. 매년 '바빠서.'라고 그럴싸하게 포장하고 미루었다. 새해 목표는 일 년이라는 짧은 시간 동안 이룰 목표지만, 장기적인 내 인생 목표 중 하나였을 텐데 말이다.

'행복한 삶을 위해 나는 어떤 목표를 갖고 싶을까, 퇴직 후의 시간을 풍요롭게 만들어 줄 수 있는 일은 무엇일까?' 깊이 고민해 보았다. 내가 좋아하는 것, 하고 싶은 일들, 그리고 마음이 두근거렸던 순간들을 떠올리며 하나하나 적어 내려갔다. 그리고 마침내, 선명해졌다.

"나는 작가가 되고 싶다!"

책을 써야겠다고 마음먹은 데는 두 가지 이유가 있다.

첫째, 퇴직하기 전에 나의 직장생활 경험과 생각을 후배들과 나누고 싶었다. 역지사지의 관점에서 직장생활을 돌아보니, 내 경험이 후배들의 시행착오를 줄여주고 그들의 성장에 도움이 될 수 있겠다고 생각했다.

둘째, 평소 일기를 쓰거나 책을 읽고 필사할 때 마음이 편했다. 감정이나 생각이 정리되며 나 자신을 돌아볼 수 있었다. 또한 다른 사람의 입장이나 다양한 관점에서 고민해 볼 기회도 되었다. 이러한 경험을 바탕으로 다른 이들에게 공감과 위로가 될 수 있는 글을 쓰며 살고 싶다는 마음이 생겼기 때문이다.

단기 목표부터 세웠다. 1년이 가기 전에 짧은 전자책을 먼저 써보기로 마음먹었다. 목표를 이루었을 때의 내 모습을 떠올려 보며 구체적인 계획을 글로 옮겼다. 목표를 주변 사람들에게 공표하면 실행할 수 있는 원동력이 생긴다고 하여 주변에 알렸다. 퇴근 후에 글쓰기 온라인 강의부터 듣기 시작했다. 독서 모임에도 들어가 책을 읽으며 문장력을 키워갔다. 내가 하고 싶은 일에 대한 내적동기가 생기면서 스스로 목표를 세우고 몰입하니 저녁 시간이 피곤하지 않았다.

누구나 시간이 빠르다고 말한다. 나도 40대를 지나 50대 중반을 넘기면서 그 속도를 실감했다. 그런데, 내가 하고 싶은 목표가 생긴 이후부터는 하루가 바쁘고 삶이 꽉 채워지는 느낌이다. 한순간도 헛되이 보내지 않으려고 노력한다. 목표를 향해 나아가는 과정에서 자연스럽게 동기부여 된다. 에너지를 얻어 일상에도 활력이 생긴다. 주어진 시간을 좀 더 밀도 있게 사용하니 '또 한 달이 갔네.'가 아니라, '한 달 잘 보냈다.'라는 뿌듯함이 밀려온다.

직장인으로서 일은 당연히 중요하다. 그러나 일에만 집중하다 보면 어느 순간 정체된 느낌이 들고 무기력해진다. 이럴 때, 직장 업무 외에 내가 진정으로 하고 싶은 목표가 있다면 일에서 오는 압박감을 조금이라도 덜어낼 수 있다. "한때 to-do list만 가지고도 살아 봤지만, 하루하루 열심히 살았는데도 남는 게 없었다. 목표를 정하면 내가 하는 일의 의미에 대해 한 번 더 생각할 수 있고 상상이 실체가 되는 느낌을 받을 수 있었다."라는 스타 강사 김미경의 말이 가슴 깊이 와닿는다.

2

작은 습관, 큰 변화

며칠이 지나도 깜깜무소식이다.

직원한테 검토해 보라고 지시한 업무가 있는데 며칠이 지나도 답이 없다. 답답했다. '상사가 주문한 일보다 더 중요하고 급한 일이 있나, 물어볼까? 바쁜데, 재촉하는 건 아닌가?' 재고 또 잰다. 그래도 직원을 배려해 보자는 마음에 3일 더 기다려 보기로 했다. '잊어버린 건가, 하는 중인가?' 기다리다 못해 직원을 불렀다.

"최 주무관, 전에 연말 행사 관련 알아보라고 한 것 어떻게 됐지?"

직원이 잠시 고민하더니 "아참, 죄송합니다. 바로 알아보겠습니다." 그일 자체를 기억하지 못했던 거 같았다. 할 말을 잃었다. 힘이 쭉 빠졌다. 그 직원에 대한 믿음이 흔들렸다. '업무 지시를 잊다니, 행사일은 다가오는데….' 그는 자신의 업무에 대한 책임감을 느끼고 있지 않은 듯 보였다. 지시 사항도 제대로 기억하지 못해, 과연 일을 제대로 수행하고 있는지 의심스러웠다. 그 직원에게 그때 지시한 내용을 다시 한번 전달해야 했다. 상사의 지시 사항을 메모했더라면 잊어버릴 일도 없고 정확한 보고가 가능했을 텐데. 그 직원이 더 중요한 내용을 놓쳤다면 어떻게 되었을까. 그랬다면 일정 관리와 기한에 큰 차질이 발생할 수 있었을 것이다. 자칫 더 심각한 상황이 번졌을 수도 있었다.

신뢰는 오랜 시간과 노력을 통해 구축되지만, 단 한 번의 실수로 쉽게 무너질 수 있다. 실수가 반복되면 상사는 그 직원에게 중요한 일을 맡기고 싶지 않다. 상사에게 더 큰 부담으로 다가올 수도 있기 때문이다.

직장인에게 '메모'는 중요하다. 하루에도 수많은 일을 처리하고 일정을 관리하기 때문이다. 모든 정보를 기억하기는 어렵다. 그럴 때 우리가 놓치기 쉬운 디테일을 잡아주는 중요한 도구가 메모다. 메모는 단순한 기록 이상의 책임감과 신뢰의 표현이다. 작은 일이지만 그 디테일에서 차별이 생긴다.

직원들에게 보고받을 때 듣기 싫은 말이 있다. '~일 겁니다.', '그런 것 같아요.', '그렇다고 하더라고요.'와 같이 확신이 없는 대답이다. 남의 보고서를 들고 와서 보고하는 듯하다. 혹여 부하 직원이 작성해 준 자료를 들고 와서 보고하더라도, 본인이 보고할 내용은 정확히 파악하고 답변을 준비해야 하지 않을까?

　반면, 질문했을 때 막힘없이 술술 대답하는 직원이 있다. 복잡한 숫자도 정확히 답한다. 그 직원이 기억을 잘 해내고 즉시 대답할 수 있는 비법은 바로 '메모'였다. 업무노트 맨 앞 페이지에 자신의 업무와 관련된 데이터와 필요한 정보를 정리해 두고 자주 들여다보았다. 기억이 나지 않을 때는 빨리 메모 내용을 보고 답했다. 메모하는 습관과 명확한 답변으로 신뢰를 차곡차곡 쌓아갔다. 그 직원이 말하는 것은 언제나 신뢰가 갔다.

　우체국에는 우편물이 폭주하는 특별한 날들이 있다. 설·추석 명절과 연말연시, 그리고 선거다. 이와 같은 특별 시기에는 접수될 우편 물량을 정확하게 예측해야 한다. 예측 물량에 따라 인원과 차량 등을 확보해야 하기 때문이다. 매년 정기적으로 있는 일이라 해도 상황에 따라 예측이 어긋날 때가 많다. 작년 명절 다음 날은 가장 바빴지만, 올해는 한가할 수 있다. 명절 다음 날이 월요일이냐, 금요일이냐에 따라 우편 물량의 차이가 크다. 파트타임을 많이 채용했는데 일손이 남을 때가 있다. 운송 차량을 3대만 추가 확보했는데, 4대가 필요할 때도 있다. 성수기에 차량 확보를 못하면 낭패다.

　그래서 매년 특별 기간의 물량과 특이 사항에 대해 기록관리 하도록 담당에게 주문했다. 명절 연휴 기간, 지원 인력, 차량 임차 대수, 시간

외 근무 시간 등 세부 사항을 기록하도록 했다. 기록한 데이터를 기반으로 다음 계획을 수립했다. 오차를 더 줄일 수 있었고 예산도 절감할 수 있었다. 또한 담당이 바뀌어도 업무를 빨리 파악하고 대처할 수 있었다. 그것이 메모하고 기록을 남겨야 하는 이유였다.

일하면서 메모하고 기록하는 습관이 업무 효율성을 높인 사례는 많다. 민원도 마찬가지다. 민원 응대 과정에서 민원 유형과 처리 방법 등을 꾸준히 기록해 두면, 유사한 민원이 발생했을 때 빠르게 대처할 수 있다. 기록으로 남겨 둔 노하우와 해결 과정은 조직에 큰 도움이 된다. 메모와 기록의 중요성은 아무리 강조해도 지나치지 않다.

나는 오래전부터 메모하는 습관이 몸에 배어 있다. 메모는 내 생활의 일부다. 책상, 식탁, 거실 테이블, 자동차, 가방 등 내 주변에 항상 메모할 수 있는 환경을 만들어 두었다. 산책 중에도 아이디어가 번쩍 떠오르면 핸드폰에 즉시 메모한다. 지하철 안에서 멋진 문구를 발견하면 바로 핸드폰을 꺼낸다. 운전 중에는 핸드폰의 음성메시지 기능을 활용한다. 카톡이나 구글 '독스(Docs)'에 음성으로 메모해 두었다가, 나중에 컴퓨터로 옮긴다. 이렇게 모은 메모들은 주말에 PC로 옮겨 카테고리별로 정리한다. 아이디어와 할 일을 메모해 두니 잊을 일이 없다. 내가 빠뜨리는 일 없이 업무를 잘 챙길 수 있도록 도와준다. 메모하고 생각해 둔 방향대로 업무를 진행하니 속도도 빠르다. 메모는 단순한 기록을 넘어 업무를 정리하고 흐름을 파악하는 데 효과적이다.

작은 습관이지만, 내가 꾸준히 메모한 덕에 직장에서 큰 성과를 낸 경험이 있다. 앞서 소개한 공무원 중앙 우수 제안으로 대통령 표창을 받은 일도 메모에서 시작됐다. 잠실 역도경기장에서 열린 CS 행사에서 참석자들의 큰 감동을 끌어낸 뮤지컬 기획 역시 메모 덕분이다. 평소 경험하고 마주하는 일상에서 떠오르는 아이디어와 생각을 기록해 두었기에 가능했던 일이다. 비록 작은 습관이지만, 그 힘은 컸다. 오늘의 작은 기록이 내일 여러분의 큰 성과로 이어지길 바란다.

3

시간을 내 편으로 만드는 방법

'나는 왜 항상 바쁠까?'

 일을 똑같이 하는데 어떤 사람은 여유롭고, 어떤 사람은 늘 시간에 쫓긴다. 바쁜 하루를 보냈는데도, 퇴근길에 "오늘 뭐 했지?" 허탈함만 남는다면, 시간을 제대로 관리하고 있는지 점검할 때다. 작은 방해 요소들이 쌓여 시간을 갉아먹고 있지는 않은지? 허덕이지 않고도 더 많은 것을 이루고 싶다면, 지금 필요한 건 시간 사용법이다. 시간 관리는 단순한 스킬이 아니라, 일과 삶의 균형을 이루는 데 꼭 필요한 요소이기 때문이다.

 박 주무관은 설렁설렁하는 듯하면서도 일을 제때 끝내고 성과도 있다. 반면, 정 주무관은 부지런 떨고 분주한데 보고 기일을 자주 넘긴다. 이렇다 할 성과물도 박 주무관만큼 나오지 않는다. 지켜보니, 그 차이에는 분명한 이유가 있었다.

첫째, 목표와 우선순위 설정에 있었다.

박 주무관은 목표가 뚜렷했다. 무엇이 중요한지 먼저 따져보고, 꼭 해야 할 일에 집중했다. 시간과 에너지를 적절히 분배하여 필요한 만큼만 노력하면서도 결과를 냈다. 반면, 정 주무관은 달랐다. 목표가 분명하지 않다. 중요한 일과 덜 중요한 일을 구분하지 못한 채 일에 묻혀 살았다. 에너지를 많이 쓰면서도 정작 중요한 일보다 사소한 일에 신경 썼다. 그래서 늘 바쁘지만, 성과는 크지 않았다. 일의 본질을 놓치는 '미련한 성실자'라고나 할까?

둘째, 집중의 차이였다.

박 주무관은 집중해야 할 순간에 몰입해서 짧은 시간에 성과를 냈다. 여유가 있을 때는 에너지를 충전하는 식으로 일과 휴식을 조화롭게 했다. 시급하지 않은 메일은 지정된 시간에 답변하는 루틴을 만들었다. 불필요하게 많은 시간을 소모하지도 않는다. 그 덕에 일을 미루지 않고 적절한 시점에 마쳤다. 반면, 정 주무관은 꾸준히 앉아서 일하지만, 일의 본질을 잊고 불필요한 곳에 시간을 소비할 때가 많다. 참고 자료들을 과도하게 찾는다. 시급하지 않은 이메일이나 메시지가 도착할 때마다 확인하고 답변한다. 그래서 주 업무가 자주 끊기고 집중력이 분산됐다. 더 많은 시간과 에너지를 투입하고 지연되는 과정에서 본인도 불안감을 느끼고 스트레스를 받았다.

직장에서 '일잘러'로 불리는 사람들의 비결은 뭘까? 같은 일을 해도 박 주무관과 정 주무관처럼 성과를 내는 데 걸리는 시간은 저마다 다르다. 비슷한 시간을 들이고도 결과가 다르다. 적은 시간으로 더 큰 성과를 내는 것이 중요한데, 이를 설명하는 원리가 바로 '파레토의 법칙'이다. 가장 중요한 핵심 업무에 전체 시간의 20%를 집중하면 나머지 80%는 저절로 따라온다는 뜻이다. 결국, 시간을 효율적으로 관리하려면 중요한 일에 집중하는 것이 핵심이다.

글을 쓸 때 며칠이 지나도 A4용지 한 장을 채우기 힘들 때가 있다. 첫 문장을 어떻게 시작할지 망설이고 또 망설인다. '대화체로 시작할까, 질문으로 던질까?' 아니면 '누구나 공감할 만한 이야기로 시작할까?' 고민하는 사이 습관적으로 핸드폰을 집어 든다. 메시지를 확인하고 카톡에 올라온 글과 사진을 한참 들여다본다. 답장도 쓴다. 급한 일도, 중요한 일도 아닌데 말이다. 겨우 마음을 다잡고 첫 문장을 적어 내려가지만, 곧 또 멈춘다. 이번엔 사례를 어떻게 들지 고민하다가 컴퓨터 화면만 멍하니 바라본다. 그러다 다시 핸드폰 보고, 블로그를 기웃거리고…. 한참 뒤 자리로 돌아와 이어서 쓰려고 하면, 어떤 것을 고민하다가 멈췄는지 생각나지 않는다. 흐름이 끊겨 또 한참이 지나야 출발점으로 돌아올 수 있다. 글의 앞뒤를 읽고 생각해 내야 원래 하던 작업에 복귀할 수 있다. 그러다 보면 반나절이 훅 지나가 버린다. 하루 종일 몇 줄 쓰지 못하는 날도 많다. 다른 일도 딱히 한 게 없다. 그런 날이 반복되다 보니 생각만큼 글쓰기 진도가 나가지 않았다. 주말에도 마음 편히 친구를 만날 수 없었다. 좋아하는 여행도 쉽지 않았다. '내가 좋아서 선택한 글쓰기가 또 다른 스트레스가 되어서는 안 돼!'라는 생각이 강하게 들었다.

시간 관리에 관한 책과 영상들을 찾아보았다. 그중, 김익한 교수가 제안한 방법이 눈에 띄었다. 그의 방식이 나에게도 도움이 될 것 같아서 직접 실천해 보기로 했다. 무슨 일이 있어도 오늘 정해진 분량만큼은 다른 일보다 우선으로 끝내겠다는 목표를 세운다. 일정한 시간 동안 집중하는 시간을 만드는 방식이다. 타이머를 설정해 놓고 정한 시간에는 오직 글쓰기에만 집중했다. 처음엔 15분 동안 집중한 후 5분 휴식을 취했다. 오래된 습관을 고치기란 쉽지 않았다. 하지만 조금씩 집중하다 보니 15분이 넘는 경우도 여러 날 생겼다. 이제 15분이 익숙해질 즈음 20분, 30분으로 서서히 시간을 늘려나갔다. 다음은 핸드폰 멀리하기다. 핸드폰이 옆에 있으니 자꾸 보고 싶어진다. 무음 상태로 전환해서 멀리 두고 방해를 최소화했다. 다음은 A4 한 장을 모두 채우려 하기보다는 작은 문단 단위로 목표를 설정하고 썼다.

이런 방법으로 글쓰기에 필요한 집중력을 키우고 방해 요소들을 줄여나갔다. 어느새 목표했던 A4 한 장 반을 다 채우고도 시간이 남았다. 글쓰기 동안에 읽지 못했던 책도 보면서 한결 여유로워졌다. 매일 똑같이

24시간을 보냈지만, 내 마음속에는 마치 25시간을 사는 것처럼 느껴졌다. 그 추가된 한 시간은 내 의지로 만들어 낸 것이었다.

업무에서도 마찬가지였다. 예전에는 사소한 일부터 처리하느라 정작 중요한 일을 놓치는 경우가 잦았다. 하지만 지금은 시급하고 중요한 일부터 우선 처리하겠다는 목표를 세우고 정해진 시간에 몰입한다. 덕분에 하루를 뿌듯하게 마무리한다.

매일 '바쁘다.', '피곤하다.'를 입에 달고 산다면 내 시간이 어디로 흘러가고 있는지 돌아봐야 한다. 중요한 일에 집중하고 있는 걸까, 아니면 그저 흐름에 맡겨 흘려보내고 있는 걸까. 프리드리히 실러는 "시간의 걸음걸이에는 세 가지가 있다. 미래는 주저하면서 다가오고, 현재는 화살처럼 날아가고, 과거는 영원히 정지해 있다."라고 말했다. 이제는 시간에 쫓기는 대신, 시간을 내 편으로 만들 차례다. 선택과 집중, 그리고 심플한 시간 관리, 그 작은 변화만으로도 하루가 훨씬 풍성해진다. 지금부터라도 내 시간을 주도적으로 관리하자. 일상이 바뀌고 결국 삶이 바뀔 것이다.

4

완성을 향한 레이어

"오늘까지 제출해야 합니다."

결재할 서류를 내밀며 직원이 하는 소리다. 오늘까지 상급 기관에 보내야 하니 대충 빨리 보라는 뜻일 거다. 결재하고 싶은 마음이 사라진다. 꼭 마감 임박해서 결과물을 갖고 오는 직원이 있다. 완벽하게 하려는 마음은 이해된다. 그런데 막판에 가져와 상사가 검토할 시간이 없다. 본인도 마지막까지 허겁지겁 보완하느라 정작 내용이 부실해지는 때도 있다.

우리 부서에 완벽주의 성향이 강한 직원이 있었다. 그는 맡겨진 일을 완벽하게 하는 스타일이다. 실수하지 않으려는 마음에 끝없는 수정과 고민으로 완벽을 추구하다가 일을 제때 끝내지 못한다. 더 완벽하게 작성하려다 보니 업무의 전체적인 흐름이나 목표보다는 디테일에 심하게 집착했다. 결정을 빨리 내리지 못하니 업무도 지연됐다. 다른 직원과의 협업도 잘 될 리 없다. 본인도 심리적인 압박이 커지면서 불안과 스트레스를 다른 사람 앞에서 자주 드러냈다.

"김 주무관, 완벽하지 않아도 결과물을 제때 완성하는 것이 좋아."

거듭 말해도 소용없다. 사람은 성실한데, 그 성실함이 묻혀버리니 안타까웠다. 일하다 보면 완벽함에 대한 강박이 오히려 자신의 성과나 조직에 방해가 되는 경우가 있다. 100% 완벽하지 않아도 일단 완성된 결과물을 빨리 내놔야 피드백을 주고 수정할 수 있다. 그래야 더 나은 완성물을 만들 수 있고, 다음 단계도 수월하게 이어갈 수 있다. 또한 개인에게는 지나친 완벽 추구보다는, 기한 내에 업무를 마무리하고 성과를 내는 일이 더 자주 성취감을 안겨준다. 그 만족감이 곧 동기가 되어 다음 일을 추진할 힘이 된다.

작년 10월 화제가 된 〈흑백요리사〉 프로그램에 등장했던 음식들이 편의점 상품으로 하나둘 출시되었다. 시제품을 이토록 빠르게 시장에 내놓은 것을 보며 '완벽'도 중요하지만, 빠른 실행이 요구되는 순간에는 '완성'이 더 중요한 전략이라고 생각했다. 가령, 한 기업에서 완벽한 제품을 만들기 위해 포장 디자인 등을 계속 수정하며 출시일을 미룬다면 어떻게 될까? 당연히 경쟁에서 밀릴 수 있다. 다른 경쟁 기업들이 비슷한 아이디어로 제품을 먼저 출시할 수도 있다. 시장을 선점할 기회를 놓친다. 프로그램 인기가 식은 후에 출시되어 더 큰 시장 반응을 기대하기도 어려웠을 거다.

나도 한때 완벽을 좇으며 일했다. 중요한 회의 발표 자료를 완벽하게 만들기 위해 작성하는 데 시간을 지나치게 쏟았다. 오히려 당일 발표를 잘하지 못했다. 나의 습관은 일상에서도 드러났다. 둘이 떠나는 부부 여행을 가더라도 여행계획을 완벽하게 세웠다. 여행지별 도착시간과 출발시간을 적고, 음식점과 메뉴, 연락처까지 정리했다. 그날그날 날씨도 확인했다. 마치 직장에서 워크숍을 진행하듯이. 그리고 계획대로 시간에 맞춰 모든 일정을 소화해야만 했다. 남편이 길을 잘못 들어 일정이 어긋나면 말다툼으로 이어지곤 했다. 여행지는 제대로 둘러볼 틈도 없이 지나쳤다. 그렇게 여행 중 변수들이 생길 때마다 스트레스를 받았다. 힐링을 위해 떠난 여행이었지만, 나의 완벽주의 탓에 오히려 피로와 실망만 안고 돌아오곤 했다.

지난봄에 아이들과 함께 일본으로 여행을 다녀온 후 내 생각이 조금씩 바뀌었다. 이번에는 아이들이 모든 걸 계획했다. 일정을 빡빡하게 짜지 않았다. 순간을 즐기며 여행의 묘미를 느낄 수 있는 여정이었다. 후쿠오카 도심을 걷다가 우연히 들어간 '오호리 공원'은 도심 속 오아시스 같은 공간이었다. 잔잔한 호수 주변을 한 바퀴 천천히 걸으며 자연과 평화로운 분위기를 느낄 수 있었다. 호숫가 벤치에 앉아 노니는 물속 거북이들을 바라보며 마시는 커피 한 잔은 마음을 고요하게 해주었다. 우연히 들른 곳에서 자연과 여유의 선물을 받았다.

저녁에 맛본 '모츠나베' 내장 냄비 요리도 우리의 자유 여행을 특별하게 만들었다. 그 음식점은 후쿠오카를 여행하는 한국 여행객들이 길게 줄을 섰던 고기구이 전문점 대신 찾아간 곳이었다. 처음 맛보는 내장 냄비 요리는 담백하고 고소했다. 풍미가 가득한 된장 국물로 끓인 진한 내장 요리와 따뜻한 '사케' 한잔은 여행의 피로를 풀어주었다. 여행 중 우연히 찾은 특별한 맛에서 예상치 못한 흥미로움과 행복을 느꼈다.

여행을 떠나기 전에 가방에 책 한 권을 넣어 봤다. 여행을 틈틈이 다녔지만, 책을 챙겨 간 기억은 없었다. 우리가 묵은 호텔 로비 한쪽에는 휴식 공간이 있었다. 여행객들이 편의점 음식을 사다가 먹을 수도 있는 공간이다. 나는 그곳에서 아침에 따뜻한 차를 마시며 책을 읽었다. 생각보다 집중이 잘 되고 글의 의미가 쏙쏙 들어왔다. 예전 여행에서는 한 번도 경험하지 못한 순간이었다. 여유롭게 책을 읽으며 기분 좋은 시간을 보내 뿌듯했다. 그때 읽은 이유미 작가의 『편애하는 문장들』에 담긴 소소한 일상 속 따뜻한 이야기들이 여행에 깊이를 더해주었다.

과한 계획에 얽매이지도, 완벽함을 추구하려 애쓰지도 않은 여행이었다. 그저 흐름에 맡기며 순간을 즐겼다. 예상치 못한 일들이 생겨도 유연하게 받아들이니 오히려 더 큰 의미로 남았다. 어쩌면 이런 여행이야말로 진정한 완성의 미학일지도 모른다고 생각했다.

직장에서도, 일상에서도 우리는 종종 완벽을 추구하며 스스로를 몰아붙인다. 하지만 지나치게 완벽을 고집하다 보면 오히려 중요한 흐름을 놓칠 때가 많다. 때로는 주어진 환경 속에서 최선을 다해 마무리하는 것이 더 큰 의미를 준다. 완벽을 향해 나아가되, 과정과 균형을 잃지 않는 것. 그것이야말로 우리가 지향해야 할 진정한 모습이 아닐까.

5

직장인이 글을 써야 하는 이유

"직장인은 보고서로 말한다."

이 한마디가 보여주듯 직장에서 보고서는 단순한 문서가 아니라, 의사소통의 핵심 도구다. 명확하고 설득력 있는 보고서는 복잡한 문제를 효과적으로 정리해 준다. 상사의 신속한 의사결정을 돕는다. 또한 잘 쓴 보고서는 곧 업무 역량의 척도가 되어 개인의 성장과 성과로 이어진다. 따라서 직장에서 반드시 갖춰야 할 중요한 능력이다.

직장생활 하면서 보고서 작성으로 많이 고민했다. 보고서는 곧 생존과도 같았다. 내가 쓴 보고서 하나로 정책이 결정되고, 상사의 신뢰를 얻거나 잃기도 했으니 말이다. 하루의 시작과 끝을 보고서로 했다. 보고서 중에 A4 한 장짜리 요약보고서는 보고서의 끝판왕이다. 한 장 안에 모든 내용이 녹아들어야 한다.

"한 장으로 작성해 봐."

하루에도 수시로 떨어지는 한마디에 상사의 의중을 파악하고 짧은 시간 내에 보고서를 작성해야 한다. 경험하지 않은 생소한 업무도 어떻게든 해낸다. 보고서 작성은 자신을 표현하고 업무 능력을 보여줄 수 있는 중요한 수단이기 때문이다. 반면, 보고서 작성 능력이 부족하면 직장생활 내내 고달플 수밖에 없다. 한 장짜리 보고서 하나를 놓고도 며칠씩 끙끙대야 한다. 직장인 스트레스의 절반도 그로 인해 생긴다고 해도 과언이 아니다. 문제는 이런 어려움이 신입 시절에만 끝난다면 얼마나 좋을까? 오히려 직급이 올라갈수록 보고서 작성은 더욱 까다로워진다. 정책적인 판단이 필요해지고, 그에 따른 책임과 요구되는 역량도 한층 커지기 때문이다.

상사는 보고서를 검토할 때, 기본적으로 네 가지를 살핀다.

첫째, 보고서 형식이다.
지나치게 형식에만 치중하라는 말이 아니다. 가장 중요한 건 물론 '내용'이다. 그러나 형식이 중요한 이유는 단순히 틀에 맞추기 위함이 아니다. 효율적이고 명확한 소통을 위해서다. 상황에 따라 다양한 콘텐츠 형식으로 보고가 이루어지더라도, 가독성이 좋고 읽고 싶어야 한다.

둘째, 쉽게 써야 한다.
내용을 전혀 모르는 사람이 읽어도 이해되어야 한다. 불필요한 미사여구나 전문용어들은 보고서를 이해하는데 어렵게 한다.

셋째, 오타가 있어서는 안 되며, 중복된 단어를 줄여야 한다.
오타 하나에도 작성자의 신뢰는 쉽게 흔들린다. 단어가 중복되면 지루해진다.

넷째, 다양한 측면에서 검토가 이루어져야 한다.
예상 문제점, 이해관계자, 기대효과 등을 빠짐없이 검토해서 균형 잡힌 보고서를 작성해야 한다.

상사는 보고서만 봐도 작성자가 얼마나 깊이 고민했는지를 안다. 받아보는 순간 눈에 들어오는 보고서는, 끝까지 읽지 않아도 작성자의 신뢰를 절반은 인정하고 들어간다.
그렇다면, 보고서를 잘 쓰는 방법은 무엇일까?
직장마다 대부분 보고서 표준 양식이 있지만, 상황에 따라 보고서 작성 방식이 달라지므로 꾸준한 연습이 필요하다. 다른 사람이 작성한 보고서 중에 잘 된 보고서 샘플을 참고하면 자연스럽게 작성 역량을 키울 수 있다.

나만의 빛나는 보고서를 작성하기 위한 좋은 방법은, '글쓰기' 연습이다. 보고서 작성과 글쓰기가 다르지 않다. 효과적인 의사소통에 필요한 가독성, 표현의 다양성, 읽는 사람의 관점을 고려해서 작성해야 한다는 공통점이 있다. 이는 상사가 부하 직원의 보고서를 검토할 때 중요하게 여기는 위의 네 가지와도 핵심이 통한다.

'가독성'이 중요하다는 점에서, 보고서와 글쓰기 모두 읽는 사람이 내용을 쉽게 이해할 수 있도록 작성해야 한다. 보고서는 간결하고 명료하게 작성해야 상사가 쉽게 이해할 수 있다. 글쓰기도 간결하고 쉬운 표현을 해야 독자가 핵심 내용을 바로 파악한다.

'표현의 다양성'도 중요한 공통점이다. 보고서에 중복된 단어를 사용하면 정보의 전달력이 약하다. 글쓰기에서도 같은 문장이나 표현을 반복하면 메시지 전달력이 떨어진다. 다양한 어휘력으로 표현을 다르게 해야 보고서나 글이 살아난다.

또한 보고서와 글쓰기 모두 '다양한 관점에서 검토'되어야 한다. 보고서는 단순히 보고받는 이의 관점뿐만 아니라, 여러 요소를 종합적으로 고려해야 한다. 글쓰기에서도 독자가 필요로 하는 정보가 빠지지는 않았는지, 혼란을 줄 수 있는 부분은 없는지 충분히 살펴야 한다.

요즘 나는 매일 글쓰기를 한다. 글쓰기를 좀 더 빨리 시작했더라면, 보고서 작성이 그토록 걱정할 일은 아니었겠다고 생각해 본다. 글쓰기를 한 이후부터 생각이 체계적으로 정리된다. 긴 글을 읽어도 핵심을 요약해 기억한다. 특히 행사나 상품을 알리기 위한 현수막이나 배너 문구를 고민할 때 글쓰기 실력이 발휘된다. 짧지만 선명하게 기억되는 메시지 전달에 글쓰기만큼 좋은 게 없다. 바로 '직장인이 글을 써야 하는 이유다.'

구본준 한겨레 신문사 기자의 말이 떠오른다. "글을 잘 써야 하는 사람은 직장인이다. 직장인이야말로 평생 글을 쓰는 사람이기 때문이다. 그 글을 우리는 '문서'라고 한다. 기자나 작가의 글은 읽는 순간에는 그 글을 읽는 사람들에게 재미도 주고 나름 의미도 주는 것 같지만, 시간이 지나면 잊히고 휘발되어 없어진다. 그러나 직장인들의 글은 직장인이 일을 하게 해주고, 자신이 만든 문서를 통해 평가받고, 꿈을 이룰 수 있게 해주기 때문에 가장 중요하다."

6

일상 속, 쉼표 하나

"취미가 뭐예요?"

몇 년 전, 지인이 내게 물었다. 하지만 선뜻 대답하지 못했다. 딱히 내세울 만한 취미도, 몰입할 만큼 재미있는 것도 떠오르지 않았다. 생각해 보니, 그나마 가장 가까운 건 여행이었다. 우리 가족은 시간이 날 때마다 여행을 다녔다. 아이들에게 다양한 경험을 선물하고 싶었기 때문이다. 여행을 다녀오면 간단히 정리해 두곤 했다. 사진을 인화하고 여행지의 역사나 유적지 설명을 덧붙였다. 또한 그 지역을 대표하는 엽서나 그림, 안내장들도 차곡차곡 앨범에 넣어두었다. 항상 앨범 첫 장에는 여행 일정과 소감이 자리했다. 거실 책장에 나란히 꽂혀있는 앨범을 가끔 펼쳐 보며 여행의 기억을 떠올리고 미소 짓는다.

우리 우체국 젊은 직원들은 선배들보다 일과 취미생활을 균형 있게 잘한다. 사이클 선수급 실력을 자랑하는 30대 남자 주무관은 주말이면 어김없이 자전거 페달을 밟는다. 테니스 매력에 푹 빠진 20대 여자 주무관도 있다. 팀장은 100대 명산을 목표로 정하고, 주말마다 아들과 함께 새벽 산행을 떠난다. 또 다른 계장은 동네 도서관에서 책을 읽으며 마음의 양식을 채운다고 했다. 직장인에게 취미활동은 단순한 여가가 아니다. 취미활동을 통해 일상에서 벗어나 스트레스를 풀고 심리적 안정감을 찾을 수 있기 때문이다. 좋아하는 일을 하며 얻는 즐거움이 생활의 활력소가 된다고 직원들도 말한다.

'내가 정말 좋아하는 건 뭘까?' 곰곰이 생각해 보았다. '그래, 여행을 좋아하고 기록하는 것도 즐기니 블로그를 한번 시작해 보자!'

다른 사람들의 블로그와 유튜브를 보며 블로그 디자인 꾸미기, 카테고리 설정 방법, 글 올리는 요령 등을 익혔다. 블로그 개설을 알아보던 중, 블로그는 단순히 자신의 일상을 기록하는 곳이 아니라는 사실을 알았다. 정보를 공유하고 다양하게 활용할 수 있었다. 블로그를 통해 자신의 전문 분야에 대한 지식과 경험을 공유하고 개인 브랜드를 구축해 갔다. 글쓰기, 음식, 육아, 여행 등 자신이 좋아하는 일을 하면서 수익으로 연계하는 사람도 많았다.

처음은 늘 두렵지만 용기를 냈다. 먼저 블로그 명을 만들고 주제는 '여행'으로 정했다. 어렵지 않았다. 단지 시도만이 어려웠을 뿐이다. 맛집 방문기, 독서 서평, 글쓰기 등으로 분야를 확대해 가며 포스팅했다. 여행 기록도 앨범 대신 블로그에 정리하니 보관이 한결 편했다. 한번은 블로그에 올린 글의 반응이 뜨거웠다. '올케가 차려드린, 돌아가신 엄마의 생신상'이라는 제목으로 올케에 대한 고마움을 전한 내용이었다. 글을 게시한 지 4일 만에 조회 수 500명을 넘겼다. '좋아요', '댓글'로 공감해 주니 힘이 났다. 내가 좋아하는 일을 하며 다양한 사람들과 소통하고 긍정적인 피드백을 받았다. 블로그는 직장에서 느끼는 압박감을 줄이고 대신 만족감으로 채워주었다. 블로그를 통해 얻은 유익한 정보는 일상에도 큰 도움이 된다. 계절별로 가볼 곳이나 읽을 만한 책을 추천받는다. 생각이 정리되고 표현력도 풍부해져서 글쓰기 실력도 늘었다. 내 블로그는 시간이 지나도 소중한 추억이 담긴 보물창고로 남아, 나에게 위로와 용기를 줄 것이라 믿는다. 지치지 않고 즐겁게 몰입할 수 있는 취미를 찾아 행복하다. 블로그 시작한 지 3년이 되어간다.

요즘 새롭게 시작한 일이 하나 더 있다. 아침에 디지털 강의를 듣고 출근한다. 생활에 필요한 앱 소개, 블로그와 인스타 꾸미기, 사진과 동영상 편집 기술 등을 배운다. 인공지능 서비스 기술도 활용해 보는 유익한 아침이다. 다양한 이미지를 만들 수 있는 '캔바(Canva)' 기술은, 사무실에서 각종 홍보 팸플릿 만들 때 큰 도움이 된다. 아무리 정보가 넘쳐

나고 유용한 앱이 많아도, 내가 직접 찾아보지 않으면 알 수 없다. 직접 해보지 않으면 그 가치를 체감할 수 없다. 새로 알게 된 앱과 디지털 기술 등은 직원들에게도 소개한다. 직원들과 나눌 이야깃거리가 하나 더 생겨 직원들과의 관계에도 작은 활력이 생긴다.

우리 국에 뜨개질 솜씨가 뛰어난 주무관이 있다. 손놀림이 '생활의 달인'에서나 볼 수 있는 수준급이다. 다양한 아이템의 작품들을 뚝딱 만들어 낸다. 목도리, 골프채 커버, 텀블러 케이스 등 뜨지 못하는 게 없다. 작년 연말에는 알록달록한 수세미를 수십 개 떠서 직원들에게 나눠줬다. 그 모습과 마음이 천사 같았다. "뜨개질이 그렇게 좋아?"라고 묻는 동료에게 "그럼. 뜨개질에 집중하다 보면 모든 근심, 걱정이 사라져."라고 답하며 재미있는 에피소드를 하나 소개했다.

"사실은 어제 남편이랑 애들 문제로 크게 다퉜거든. 그런데 어떤 일이 있었는지 알아? 뜨개질하다가 나도 모르게 남편한테 이렇게 말했다니까. '여보, 우리 맛있는 것 먹으러 갈까? 날씨도 좋은데.' 그렇게 말하고 나서야 '앗 참! 아까 우리 싸웠지?' 하고 생각나더라고. 뜨개질에 집중하다 보면 조금 전 남편과 싸운 일도 까맣게 잊어버린다니까. 하하하."

4장 작은 차이를 놓치지 않는, 내공 있는 직장인으로

우리 모두 배꼽을 잡고 책상을 치며 웃었다. 그 직원은 주말에 온라인 강의로 새로운 뜨개 방법을 배운다고 했다. 퇴직 후에는 작은 공방을 열어 다른 사람들에게도 그 기술을 나누고 싶다는 꿈을 꾸고 있었다. 자신이 좋아하는 취미생활을 하면서 주변 사람들에게 긍정적인 영향을 주고 업무에도 열정적이었다.

직장 생활하다 보면 자신을 돌보는 일을 잊기 쉽고, 그로 인해 마음의 여유도 사라진다. 하지만 바쁜 일상에서도 나만의 시간을 만드는 것이 얼마나 중요한지 안다. 내가 진심으로 좋아하는 것을 찾았고, 그것이 나에게 큰 기쁨과 재충전의 시간이 되었다. 취미는 단순한 소일거리가 아니라, 나 자신에게 주는 작은 선물이다. 지친 하루를 버틸 힘이 되어 준다. 작은 즐거움 하나가 삶의 질을 높이는 첫걸음이 된다. 바쁘다는 이유로 나를 잊지 말자.

7

끝까지 걷는 사람의 비밀

가을비가 조용히 내리던 5년 전 10월, 친구가 우리 곁을 떠났다.

50대 초반인 친구의 죽음은 큰 충격이었다. 그 친구는 직장에서 맡은 일에 최선을 다하며 열심히 달려왔다. 하루하루를 충실히 보내려 애썼지만, 그 사이 몸이 보내는 신호를 놓친 채 지나쳤다. 결국 그 일이 안타까운 결과로 이어지고 말았다. 친구는 암 판정을 받은 후 면역력이 떨어져 몸이 급격히 나빠졌다. 5개월 뒤에 건강의 중요성에 대한 소중한 교훈을 남기고 우리 곁을 떠났다.

"건강이 가장 중요하다."라는 말을 누구나 자주 한다. 그러나 막상 직장 다니면서 건강 관리를 제대로 하지 못하는 일이 있다. 예전에는 건강을 더 챙기지 못하고 살았다. 일이 우선이었다. 업무를 최우선으로 하는 문화가 미덕으로 여겨져 건강을 희생하는 경우가 있었다. 그런 직장환경 속에서 받는 정신적 스트레스가 건강에 미치는 부정적 영향조차 제대로 인식하지도 못했다. 직장에서 아프거나 힘들어하는 모습을 보이면 멘탈이 약하고 의지가 부족한 사람으로 여겨지던 때였으니 말이다.

나 또한 건강 관리를 잘하지 못했다. 직장에서 워킹맘으로서 남들보다 뒤처지지 않기 위해 열심히 일했다. 앞만 보고 달려오는 동안 내 몸과 마음이 자주 경고를 보냈다. 그 소리를 무시할 수밖에 없었다. 그런데 이번에는 더 강한 신호였다. 허리를 숙여 신발조차 신을 수 없었다. 방문 손잡이를 잡아당길 힘조차 남아 있지 않았다. 작은 가방 하나 드는 일도 버거웠다. 그동안 오래 서 있거나 앉아 있을 때마다 허리가 자주 아팠다. 찜질하고 파스를 붙이며 버텼지만, 통증은 점점 심해졌다.

결국 정형외과를 찾았다. 의사는 수술이 필요하니 당장 입원하라고 말했다. 갑작스러운 수술 통보에 당혹스러웠다. 순간 아무 말도 떠오르지 않았다. 결국 어쩔 수 없이, 한 번도 써본 적 없는 질병 휴가를 내야 했다. '내가 없으면 어떻게 될까?' 사무실 걱정이 머릿속을 떠나지 않았다. 직원들한테 미안해서 입원 중에도 마음이 편하지 않았다.

직장 다니면서 병원에 오기가 쉽지 않아, 입원해 있는 동안 불편했던 어깨도 함께 진찰받아 보기로 마음먹었다. 한 달 전부터 옆으로 누워 잘 때 오른쪽 어깨에 통증이 심했다. 팔을 위로 들 수도 없었다. 옷 입는 것조차 힘겨웠다.

"회전근개 부분파열인데, 수술해야 합니다."
"네? 수술이라고요?"
"수술하지 않으면 더 크게 파열이 일어나서 그때는 수술이 더 힘들어집니다. 이번에 입원했을 때 어깨도 하시는 게 좋지 않겠어요?"

청천벽력 같은 의사의 말에 머릿속이 하얘졌다. 가슴이 벌렁거렸다. '허리도 갑자기 수술했는데 어깨까지 수술하라니, 환자의 심정을 헤아리기는 하는 거야?' 화가 났다. 이건 내 얘기가 아니라고 부정하고 싶었다. 어깨 수술은 안 한다고 단호히 말하고 진료실을 나왔다. 마음이 복잡했다.
　퇴원 후 다른 병원에서 어깨 추가 검사를 받았다. 아직 수술할 단계는 아니고 주사 치료 몇 번 받으면 괜찮아질 거라고 했다. 의사의 말을 듣는 순간, 후~ 하고 안도의 숨이 나왔다. 그나마 다행이었다.

　집에서 쉬는 동안 허리 수술 부위 통증은 계속되었다. 마음의 상처도 깊어져만 갔다. 우울했다. 앞으로의 삶과 계획이 모두 무너질 것 같은 두려움이 밀려왔다. '그동안 왜 자신을 위해 살지 못했을까?' 하는 후회가 가슴을 무겁게 했다. 마치 내가 다른 사람을 위해서 애쓰며 살아온 듯한 기분도 들며 화가 났다. 모든 게 부질없다는 생각도 들었다. '그동안 무슨 부귀영화를 누리겠다고 아등바등 살았을까? 그렇게 살지 않았어도 그럭저럭 잘 살아갈 수 있었을 텐데….' 그렇게 나는 3개월 넘게 아팠다.

몸의 기운을 북돋아 줄 수 있는 한약을 먹어보자는 남편 손에 이끌려 동네 한의원을 찾았다. 한의사가 내 손목을 잡고 맥을 짚어보았다. 고개를 갸우뚱했다. 혀를 내밀어 보라고도 했다. "직장에 다니시나요, 최근에 힘든 일이 있으셨나 봐요?" 의사는 여러 가지를 물었다. 나와 비슷한 나이대의 여자 의사는 내 말을 잘 들어주고 끄덕끄덕해 주었다. 그런데 이게 웬일인가? 상담 도중, 의사 앞에서 갑자기 눈물이 쏟아졌다. 그동안 억눌린 감정이 한꺼번에 복받쳐 올랐다. 처음에는 울컥하다가 펑펑 울었다. 정확한 이유는 알 수 없었다. 처음 보는 의사와 남편 앞에서 약한 모습을 보인 내 자신이 부끄러웠다. 죽고 싶을 만큼 싫었다.

"미쳤어, 내가 미쳤어."

며칠을 혼자 중얼거렸다. 어느 순간, 오랫동안 내 마음을 짓누르던 무언가가 깊은 곳에서 빠져나간 듯했다. 답답했던 가슴이 뻥 뚫린 듯 시원했고 머릿속도 맑아졌다. 그때 나는 아마도 깊은 무기력감에 빠져 있었고, 길고 긴 어둠 속의 터널을 헤쳐 나온 것 같다. 무기력감 같은 건 나를 비켜 갈 줄 알았다. 나처럼 바쁜 일상을 사는 사람에게는 올 수 없다고 생각하며 살았으니까.

　매일 아침 눈을 뜨며 숨 쉬는 것조차 당연하게 여겼던 날들이 얼마나 소중한지 깨달았다. 이제는 작은 변화에도 감사하며 살아간다. 허리 수술 후 헬스를 시작했다. 헬스를 시작한 뒤, 허리는 물론 어깨까지 전보다 훨씬 좋아졌다. 헬스장에서 땀을 흠뻑 흘리고 나면, 밤에 누가 붙잡아 가도 모를 만큼 깊은 잠에 빠진다. 업무에도 활력이 생긴다. 바쁜 직장생활에서도 건강 관리는 선택이 아니라 필수다. 건강이 뒷받침되어야 직장에서도 좋은 성과를 내고, 더 나아가 행복한 삶을 누릴 수 있다.

8

평생직장을 넘어 나만의 브랜드 만들기

안정된 직장인도 더 이상 '평생직장'을 믿을 수 없는 시대다. 공무원은 정년이 보장된 직업이라 흔히 '평생직장'이라 불렸다. 하지만 평균 수명이 길어지면서, 퇴직 후에도 새로운 일을 꿈꾸는 사람들이 많아졌다. 단순히 긴 직장생활을 마무리하는 것이 아니라, 퇴직 이후의 삶까지 미리 준비하는 시대다. 퇴직 이후의 삶을 계획하기 위해서는 자신만의 강점을 찾고 새로운 길을 걸어갈 힘을 길러야 한다. '나만의 브랜드'를 만드는 일은, 앞으로 더 길어진 인생을 빛나게 해줄 든든한 기반이 되어 줄 것이다.

"안녕하십니까? 저는 K그룹에서 대표이사를 하고 퇴직한 지 4년 되었습니다. 지금 사는 곳은 바로 옆에 있는 퍼스트 클라스 빌리지입니다."

60대 초반쯤으로 보이는 신사분이 자기소개를 했다. 그날은 집 근처 문화센터에서 캘리그라피 주말반 개강일이었다. 강사가 수강생들에게 자기소개를 시켰다. 수강생은 모두 열두 명이고, 이름과 배우게 된 목적을 간단히 소개했다. 한 중년 여성은 젊어 못했던 것들을 이제야 시작한다고 말하며 수줍게 소개했다. 직장을 그만두고 캘리그라피 자격증을 취득해 다른 길을 찾으려 한다는 젊은 여성도 있었다. 그런데 그 신사분은 회사에서 했던 업적까지 더해가며 자기소개를 이어갔다. 모두 '언제 끝나려나?' 하는 표정이다. 입을 가리고 하품을 참았다.

과거의 명함이 뭐가 중요하랴. 자신이 과거에 잘 나갔던 사람이었는지를 굳이 말할 필요가 있을까? 그 사람은 마치 '내가 이런 곳에서 당신 같은 사람들과 어울릴 사람이 아닌데 떠밀려 참석했다.'라고 말하고 싶어 하는 듯했다. 그는 이후 몇 번 모습을 드러내더니 결국 보이지 않았다. 예전의 성공 경험은 좋은 추억이 될 수 있다. 하지만, 거기에만 머물러 있다면 오히려 앞으로 나아가는 데 장애가 될 수도 있겠단 생각을 했다.

명예와 직급은 직장에서 옷 벗는 날로 내려놓아야 한다. 자신의 과거 성과나 직위를 자주 언급하거나 과시하는 사람이 있다. 이런 사람은 조직이라는 우산이 없어지면 자신의 정체성에 혼란을 겪는다. 자존감이 급격하게 떨어질 수 있다. 퇴직 후에는 직장에서의 타이틀이 아니라, 새로운 모습을 만들어 가는 게 중요하다. 그리고 다른 사람에게 어떤 좋은 영향을 주는지가 그 사람을 더 빛나게 한다.

100세 시대를 맞아, 많은 사람이 퇴직 후에도 새로운 브랜드를 창출하고 싶어 한다. 단순한 여가보다는 의미 있는 활동을 찾는다. 공무원도 마찬가지다. 불과 2~3년 전까지만 해도 퇴직하면 연금으로 노후를 보내면 된다고 생각했다. 그러나 지금은 퇴직하기 전부터 고민하고 준비하는 사람들이 많다. 퇴직 후에도 전문성을 살려 자신을 알리고 영향력을 넓히는 것이 자연스러워졌다. 조직이 아닌, 자기 경험과 가치관을 바탕으로 삶을 새롭게 설계하며 진짜 '나다운 모습'을 만들어 가고 있다.

"직장에서 직함을 내려놓으면, 나의 진짜 가치는 얼마일까?"

그 물음 앞에서 나는 내가 진짜로 잘하고 좋아하는 일이 무엇인지 깊이 돌아보게 됐다. 오랜 고민 끝에, 나를 가장 잘 표현할 수 있는 방법을 찾았다. '글쓰기'로 나를 브랜딩하기로 했다. 직장에서 쌓은 경험과 배움을 글로 풀어내고, 일상에서 느끼는 소소한 순간들을 나만의 색깔로 담아내고 싶다.

나의 글쓰기는 초등학교 때 일기 쓰기로 시작되었다. 매일 작은 노트에 그날그날의 이야기와 감정을 적었다. 그때부터였다. 뭔가를 쓰고 나면 마음이 편해지고 내 안에 있던 생각들을 밖으로 꺼내는 일이 즐겁다는 것을 알았다. 월간지나 라디오에 공모한 적도 있다. 요즘은 블로그에 차곡차곡 글을 쌓으며 다른 이들과 소통한다. SNS에 올린 글이 작성한 사람의 브랜드가 되기도 하고, 쓴 글을 출판하기만 하면 책이 되는 세상이다. 사진 찍기를 좋아하는 한 지인은 포토 에세이를 출간했다. 독서 모임을 같이 하는 60대 후반 어르신은 컬러링 북을 두 권이나 냈다. 두 사람 모두 그 분야에서 강의도 하며 자신만의 브랜드를 만들어 가고 있다.

내가 매일 쓰는 일기와 메모는 글쓰기 재료가 되고, 나의 일상이 곧 글감이다. "내 인생을 책으로 쓴다면 열권도 모자랄 것이다."라고 흔히들 말한다. 누구나 자기만의 다양하고 특색 있는 삶을 이야기로 쓰면 책이 된다. 나의 소중한 추억들이 기억 속에서 다 사라지기 전에 한 번쯤 도전해 볼 가치가 있다. 책을 쓰면 자신의 신뢰성과 전문성을 높인다. 강의와 독서 모임, 책 쓰기 코칭 등 다양한 방식으로 발전시킬 수도 있다. 글쓰기는 평생 활용할 수 있는 최고의 기술이라고 생각한다.

"전직 작가라는 말은 없다."라고 김영하 작가는 말했다. 그렇다. 전직 판사, 전직 교수, 전직 공무원은 있어도 전직 작가는 들어보지 못했다. 작가는 퇴사도 은퇴도 없으니까.

지난해 7월, '2024 파리올림픽' 경기를 TV로 보던 중 깜짝 놀랐다. "저 사람 개그맨 아니야?" 개그우먼 김민경이 사격 공기 소총 10m 혼성 단체 결선 해설위원으로 활동하고 있었다. 김민경은 마흔 살에 예능 프로그램을 통해 사격을 시작하게 되었고, 사격 국가 대표까지 마크를 달게 되었다고 했다. 스포츠와 관련이 없던 그녀에게는 쉽지 않았을 텐데 말이다. 익숙한 틀에 머무르지 않고 새로운 가능성에 도전하는 모습이 인상 깊었다. 그렇게 자신만의 색을 넓혀가는 모습은 우리에게 큰 용기를 주었다.

직장생활이 우리 삶의 전부가 아니듯, 지금 있는 자리가 끝은 아니다. 이제는 나만의 브랜드를 만들어 갈 시간이다. 누구나 자신만의 강점과 관심사를 조금만 더 들여다보면 새로운 가능성을 만날 수 있다. 우리 안에는 다이아몬드 같은 잠재력이 있다. 그 가치를 발견하고 정성껏, 그리고 꾸준히 다듬어 간다면, 세상에 단 하나뿐인 나만의 빛을 낼 수 있을 것이다.

직장생활 황금 레시피

⑩ 퇴근 시간이 6시면 진짜 6시에 나가도 되나?
부하의 속마음: 칼퇴해야지.
상사의 속마음: 상사보다는 늦게 가야지, 특별한 일이 없다면.

☞ 맡은 일을 완료했다면 정시퇴근이 당연하지만, 특별한 일이 없다면 조직문화나 분위기상 상급자가 퇴근 후에 약간의 간격을 두면 좋더라. 불필요한 오해를 피할 수 있고, 갑자기 일이 발생할 수도 있다.

⑪ 팀 회식에 빠져도 될까?
부하의 속마음: 내키지 않으면 빠져도 되지.
상사의 속마음: 팀 단합을 위한 자리이니 가능하면 참석해야지.

☞ 여러 사람이 함께하는 조직의 구성원으로서, 특별한 일이 없으면 수용하려는 노력이 필요하다. 그냥 한 번 웃으며 동참해 보자. 그러면 어느새 모두가 더 가까워지고, 그 작은 노력이 큰 성과로 돌아올 테니까.

⑫ 과장이 지시한 지 시간이 꽤 흘렀는데도 아무 말씀이 없을 땐, 이걸 보고해야 하나? 조용히 넘어가도 되나?

부하의 속마음: 과장은 기억 못하겠지?

상사의 속마음: 넌, 이미 신뢰를 잃었어.

☞ 과장의 기억 여부와 상관없이 지시받은 업무는 즉시 보고하는 습관을 들이자. 상사는 다 기억한다. 혹시 과장이 잊었더라도 프로의 이미지를 쌓을 수 있다.

5장

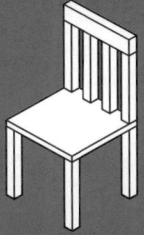

직장 너머에서,
또 다른 시작을 꿈꾸는
내일로

비교는 자연스러운 감정이다. 그러나 진짜 중요한 건, 그 속에서도 나를 잃지 않는 일이다. 행복은 남과의 경쟁이 아니라, 나답게 살아가는 데서 비롯된다.

1

먼저 걸은 길, 함께할 시간

'서울시 중랑구 중화동 12-3'

점심을 서둘러 먹고, 길 찾기 앱이 안내하는 방향을 따라 주소지로 찾아갔다. 남편이 분명 여기라고 했는데, 주변이 전혀 기억나지 않았다. 남편한테 다시 문자를 보냈다.

"우리 신혼집 주소가 여기 맞아?"

그렇다고 했다. 좁은 골목골목마다 단독주택들 모양이 비슷하다. 대부분 2층 빨간 벽돌집이다. 골목 안으로 50m쯤 들어서자 어렴풋이 낯익은 입구가 눈에 들어왔다. 대문 옆 벽에 흐릿하게 적혀 있는 번지수를 보니, 이 집이 맞다. 왼쪽 담벼락에 나란히 붙어 있는 전기계량기와 빨간 철 대문이 그대로였다. 우리가 살던 집으로 올라가는 왼쪽 계단 역시 그대로였다.

눈물이 핑 돌았다. 33년 전, 세 들어 살았던 신혼집이다. 집에 대한 기억은 흐리지만, 그때 서울 생활의 기억은 또렷하다. 신혼이라는 달콤함보다는 가슴 아린 생각이 더 많다. 남편 직장이 있는 서울에 신혼살림을 꾸렸다. 주말부부로 지내며 나는 강원도에서 서울로, 남편은 서울에서 강원도로 오갔다. 그때는 토요일도 근무하던 시절이다. 토요일 근무를 마치고 화천 봉오리에서 읍내로 나왔다. 서울행 버스를 타고 터미널에 도착하면 이미 저녁 시간이 되어 있었다. 다음날 일요일 오후 다시 화천으로 출발해야 하는 고단함의 연속이었다. 서울로 발령 나기 전까지 2년 동안 그런 생활이 이어졌다.

신혼살림이 들어오던 날 친정엄마 얼굴이 붉으락푸르락했다. 현관문 들어서면 'ㄱ'자 모양으로 꺾이는 단칸방에 장롱이 들어가기에는 불가능했다. 부족한 살림이었지만 딸에게 하나라도 더 사서 시집보내고 싶었던 엄마였다. 방이 좁아 장롱 반쪽을 차에 실어 되돌려 보내야 했던 그 날, 엄마 얼굴을 볼 수가 없었다. 엄마에게 죄송했던 그때의 기억이 두고두고 가슴에 남았다.

유난히 더운 1994년 여름이었다. 뉴스에서 20세기 대한민국 최악의 폭염이 찾아왔다고 했다. 집에 에어컨이 없었던 때다. 단칸방에서 선풍기 하나에 의지하기에는 숨이 막힐 정도였다. 현관문을 열어 놓고 직사

각형 큰 밥상을 세워 문을 반쯤 가린 채 잠을 청했다. 하지만 문을 열어 놓은 탓에 무서워서 잠들지 못했다. 집 앞에서 차 에어컨을 켜고 자던 이웃집 아저씨의 자동차 소음까지 더해져 뒤척인 밤이었다. 그 골목에 우리 신혼집이 있었다. 강원도에서 서울 중화동 신혼집을 오갔던 4시간이 하루처럼 길게 느껴졌다. 그렇게 서울 생활을 시작한 '중랑구'는 오랫동안 애잔한 기억으로 남아 있던 곳이다.

그런데, 무슨 우연이란 말인가? 작년에 서울중랑우체국장으로 발령이 났다. 이곳이 아마도 나의 공직 생활 마지막 근무지가 될 것 같다. 퇴직을 1년 반 남짓 앞두고 있으니…. 낯선 서울 생활과 결혼생활이 시작되었던 이곳에서 37년 공직 생활을 마무리할 거라고는 꿈에도 생각하지 못했다. 2024년, 작년 여름도 기상 관측 이래 가장 더웠고, 30년 전 그 해 여름도 그랬다. 아마 나를 다시 이곳으로 이끌어 준 것은 우연이 아니라, 뜨거운 인연이었나 보다.

우체국에서 신혼집이 있었던 12-3번지까지는 걸어서 10분 거리밖에 되지 않았다. 가슴이 먹먹했다. 지나온 세월이 주마등처럼 스쳐 갔다. 힘들었던 순간들도 떠올랐다. 그래도 그 모든 시간을 지나온 내가 대견하고 고마웠다. 힘들기만 했던 그때의 순간들이 지금의 나를 만들어 준 밑거름이었으리라. 신혼집 사진을 찍어 가족 단톡방에 올렸다. 나의 감정도 짧은 한 줄에 꾹 눌러 담았다.

"서울 신혼집이 있던 중화동이 내 마지막 근무지가 될 줄이야. 지나간 모든 일이 왜 이리도 짠할까?"

"아빠, 엄마의 그 시절이 있었기에 지금 우리가 있는 거예요. 그동안 고생 많으셨고 감사합니다." 큰아들이 제일 먼저 답을 보내왔다. "신기하네. 거기서 잘 시작했으니, 지금의 엄마 아빠와 우리가 있는 것." 작은아들도 바로 화답했다. 아이들의 글을 보니 가슴 깊이 벅찬 감정이 밀려왔다. 잠시 뒤 남편의 문자도 왔다.

"고생하게 해서 미안해요. 그리고 고마워요."

사무실까지 되돌아오는 길은 애써 멀리 돌아오는 길을 택했다. 직원들에게 눈물의 흔적과 시뻘겋게 붉어진 내 얼굴을 보이지 않으려고.

먼 길 돌아 집에 들어온 기분이다. 1990년 공직에 첫발을 내딛고 퇴직까지 37년, 보람과 아쉬움이 교차하는 긴 시간이다. 그 속엔 내가 웃고 울었던 수많은 흔적이 고스란히 담겨 있다. 고민 끝에 성과를 이루고, 그 결실로 승진의 기쁨을 맛보았던 벅찬 순간들도 있었다. 하지만 한편으론, 부족함에 괴로워하며 나 자신을 따뜻하게 보듬지 못했던 시간이 아쉬움으로 남는다. 자신을 조금 더 사랑하고 챙겼더라면 어떤 어려운 순간에도 흔들림 없이 나를 믿고 앞으로 나아갈 수 있었을 텐데….

후배들은 자신을 사랑하고 자부심을 잃지 않았으면 좋겠다. 당당하게 공직자의 길을 걸어가길 바란다. 국가에 헌신하며 중요한 역할을 맡은 사람임을 잊지 않았으면 좋겠다. 내가 있기에 가족이 있고, 사회가 있고, 국가가 있다는 것도 기억해 줬으면 한다. 자신에 대한 사랑이 충만할 때, 자신감과 용기가 생기고 일도 잘할 수 있다. 언제나 자신을 믿고 나 자신에게 정성스럽게 물을 주고 영양을 공급하면서 기다리다 보면, 언젠가 꽃이 활짝 필 것이다.

오랜 시간, 많은 어려움과 고민을 거쳐 지금의 자리에 서게 되었다. 최초 여성 동대구우체국장, 최초 여성 의정부우편집중국장…, '최초'가 많았다. 혼자라면 결코 이룰 수 없었던 일이다. 그때는 여성 관리공무원들이 드물어 '최초'라는 수식어가 붙었지만, 나는 그저 후배들 조금 먼저 이 길을 걸었을 뿐이다. 지금은 나보다 훨씬 뛰어난 역량을 갖춘 후배들이 많다. 먼저 걸으며 쌓은 경험이, 앞으로 그들과 함께할 시간 속에서 작은 디딤돌이 되길 바란다.

2

바뀐 건 세대가 아니라 시대

"요즘 애들 왜 그래?"

근무 중, 인근 우체국 국장에게서 전화가 왔다. 전화를 받자마자 "국장님네 직원들도 그래요? 어제 내가 우리 국 지원과 직원들에게 점심을 사준다고 했는데, 달랑 다섯 명만 온 거 알아요? 그 과 직원이 열한 명이거든. 운동한다고 빠지고, 선약이 있다고 가버리고…. 그것도 내 자비로, 저녁도 아닌 점심으로, 다른 사람도 아니고 국장이 사준다는데." 엄청 서운했나 보다. 전화기 너머로 거친 숨소리가 들렸다. 그 국장은 세대 차이와 요즘의 직장 분위기에 대해 한참을 쏟아낸 뒤에야 전화를 끊었다.

예전에는 상사와 함께하는 식사 자리에 불러주기를 원했다. 어떻게 하면 그 자리에 낄 수 있을까를 고민했다. 점심시간에 개인 약속이 있으면 상사에게 얘기하고 눈치 보며 나갔다. 구내식당에 갈 때면 과장이 맨 앞에 서고 직급 순서대로 계장, 선배 주무관 순서대로 줄지어 따라갔다. 식사 속도가 엄청 빠른 과장한테 맞추느라 음식을 다 먹지 못한 적도 많았다.

요즘 직장 분위기는 예전과 다르다. 점심시간에 스타벅스나 써브웨이에 가서 혼자 점심시간을 즐기는 직원들을 흔히 볼 수 있다. 카페에서 간혹 직원을 마주쳐도 모른 척해주는 게 예의다. 젊은 직원들은 업무 시간과 개인 시간을 명확히 구분하려 한다. 상사와의 식사 자리를 부담스럽게 생각한다. 어쩌면 상사와의 식사가 오히려 스트레스가 되어 피하려 하는 것일 수도 있다.

반면에, 상사는 여러 번 고민 끝에 결정했을 수도 있다. 점심을 함께 먹자는 제안은 단순한 식사가 아니라, 직원에게 격려를 전하고 팀원 간의 친밀감을 높이기 위한 자리로 생각한다. 업무 시간에 미처 나누지 못한 이야기를 편하게 나눌 소중한 기회라고 여길 수도 있다. 전통적인 직장문화 속에서 근무했던 선배들에게 이런 경험이 자연스러운 습관으로 남아 있을 수 있다.

이는 서로의 가치관과 기대의 차이에서 비롯된 경우가 많다. 세대마다 사고방식이 조금씩 다른 것은 어찌 보면 너무도 자연스러운 일이다.

살아온 시대와 환경이 다르기 때문이다. 중요한 건, 그 차이를 문제로 보지 않는 태도다. 후배들은 선배들의 다양한 경험에서 배울 점을 찾으려는 자세가 필요하다. 반대로, 선배들은 후배들의 삶의 방식과 생각을 존중하며 열린 마음으로 소통하려는 노력을 기울여야 한다. 이것은 단순한 세대 차이로만 볼 일이 아니다. 결국 바뀐 것은 '세대'가 아니라, 함께 살아가는 '시대'이기 때문이다. 이 변화를 서로 인식할 때, 비로소 진짜 소통이 시작된다.

"올리고당 빼주세요."

폭염이 계속되던 작년 여름, 점심을 먹고 사무실 근처 카페에 갔다. 짧은 시간이지만 소소한 힐링의 시간이다. "수박 주스 한 잔이요. 올리고당은 빼고요." 반쯤 마시고 시간에 맞춰 사무실로 돌아왔다. 책상에 앉아 한 모금 쭉 마시려는 순간, "캑캑…" 목이 턱 막히며 사레가 들었다. 책상 위로 물방울들이 마구 흩어졌다. 조금 전 카페에서 있었던 일이 머릿속을 확 스쳐 지나갔기 때문이다. "앗, 시럽! 내가 아까 시럽을 올리고당이라고 했나?" 오후 내내 정신 나간 사람처럼 혼자 실없이 웃었다. 카페 젊은 직원이 내 말을 잘 알아듣고, 시럽을 넣지 않은 수박 주스를 건넨 일이 어쩐지 대견하고 신기했다. 시럽이나 올리고당이 단맛을 내는 용도로는 비슷하다. 하지만 내 머릿속에 올리고당은 밥반찬으로 콩자반이나 멸치볶음 만들 때 넣는 것이다. 아무튼 센스 만점인 젊은 직원 덕분에 시원한 오후를 보낼 수 있었다. 요즘 젊은 세대의 눈에는 이것도 이해하기 어려운 라떼식 스타일로 보였을 것이다.

최근, 사회 전반으로 정년 연장 요구 분위기가 확산하는 모습이다. 작년 채용 플랫폼 '사람인'의 조사에 의하면, 일반기업 10곳 중 8곳이 정년 연장을 긍정적으로 생각하는 것으로 나타났다. 만약에 공무원도 정년이 연장된다면, '요즘 애들'이라고 하는 젊은 세대와 함께 직장에서 보내야 하는 시간도 길어진다. 퇴직해서도 마찬가지다. 늘어나는 수명과 더불어 젊은 세대와 노인 세대가 함께 살아야 하는 시간도 연장될 수밖에 없다. 이런 시대를 함께 맞이하며, 서로 다른 세대 간 소통을 통해 상대방의 관점을 이해하고 존중하는 것이 중요해졌다.

전통 과자인 '약과'가 세대를 넘어 유행하고 있다. 약과는 주로 명절과 제사 때 먹을 수 있는 음식이었다. 그런데 젊은 세대가 전통문화를 새로운 관점에서 탐구하고 매력적인 콘텐츠로 즐기고 있다. 기성세대는 자신들이 익숙했던 전통적 환경이 젊은 세대와 연결되는 것을 보며, 전통문화가 재해석 되는 것에 긍정적인 생각을 갖게 되었다. 젊은이들로 활기찬 건대역 주변에서 요즘 레트로 간판을 많이 볼 수 있다. 복고풍 인테리어와 음식들을 즐기며 기성세대는 향수를 느낀다. 젊은 세대는 신선한 경험으로 받아들인다. 이처럼 전통과 현대가 어우러지면서 세대 간 공감대가 만들어지는 경우를 다양하게 찾아볼 수 있다.

직장에서도 세대 차이를 넘어 관심사를 나누는 모습이 늘고 있다. 처음엔 젊은 세대가 요구하던 유연근무제가 이제는 전 세대가 선호하는 제도가 되었다. 건강에 관한 관심 역시 세대 구분 없이 높아지고 있다. 선후배가 함께 러닝이나 테니스 등을 즐기며 소통하는 모습도 낯설지 않다. 최근에는 우리 우체국의 과장, 계장, 주무관이 함께 마라톤 대회에 참가했다.

시대가 바뀌고 일하는 방식과 삶의 가치가 변하면서 세대 간의 차이도 자연스럽게 좁혀지고 있다. 서로 다른 세대가 공통된 관심사나 가치를 나누는 기회가 앞으로 더 많아지기를 바란다. 퇴직 후에는 취미를 깊이 있게 즐기거나, 새로운 사람들과 어울리며 세대 간 소통을 더욱 넓혀갈 수 있을 것이다. 세대 차이는 우리를 나누는 벽이 아니다. 오히려 세대를 넘나들며 더 풍성한 관계와 경험을 만들어 가는 계기가 될 수 있다.

3

마침표가 아닌 느낌표로

구청장과 첫 만남이 있는 날이다.

우체국장으로 부임하면 기관의 대표로서 지역 기관장들과 인사를 나눈다. 시장, 구청장, 군수, 경찰서장, 소방서장…. 같은 지역에 근무하는 기관장들과 지역공헌 사업에 함께 참여하고 기관 간 협력사업도 한다. 구청장과 대면인사가 있던 날, 구청의 간부들과 우리 우체국 간부들이 서로 명함을 주고받으며 인사를 나누었다.

"국장님께서 작가이시더군요. 대단하십니다."
"아 네, 그걸 어떻게….."

구청장이 인사를 나누며 건넨 첫 마디에 놀라서 말을 더듬었다. 구청장은 만나기 전에 내 이력을 미리 살펴봤다고 했다. 내가 책을 쓰게 된

계기와 책 내용을 시작으로 그날의 미팅은 화기애애했다. 덕분에 성과도 있었다. 매월 발행되는 구청 소식지에 우체국 서비스를 소개하기로 했다. 또한 구청과 우체국이 주민 편의와 지역발전을 위해 지속해서 협력하기로 뜻을 모았다.

내가 쓴 책은 새로운 명함이 되어, 다양한 사람들과 자연스럽게 연결되고 신뢰를 쌓는 계기가 되었다.

작가가 되기로 목표를 정한 후, 매주 화요일과 목요일 저녁에 글쓰기 온라인 강의를 들었다. 글감 찾는 방법과 주제 잡는 방법, 템플릿 활용법 등을 배웠다. 같은 관심사를 가진 작가들과 유익한 정보도 나누며 서로에게 좋은 자극이 되고 있다. 매월 저자특강도 열리는데, 다양한 직업과 각기 다른 연령대의 작가들이 모인다. 책을 쓰게 된 이유, 어려움을 극복한 이야기, 그리고 책 쓰기 노하우를 솔직하게 풀어 놓는다. 직장에서 매일 마주하는 사람들 외에, 새로운 이들과의 만남은 내게 신선했다. 퇴근 후의 피로를 잊게 했다. 늘 새로운 경험, 새로운 만남은 나를 움직이게 하는 원동력이 되어 준다는 것을 다시금 느꼈다.

그러나 막상 책을 쓰려고 하니 쉽지 않았다. 3개월 넘게 강의를 들었지만 직접 쓰는 것과는 달랐다. 나를 움직이게 할 방법이 필요했다. 그래서 '전자책 쓰기 4주 프로젝트'에 참여했다. 처음부터 200페이지가 넘는 종이책을 쓰다가 중간에 포기할 수도 있다는 생각이 들었기 때문이다. 프로젝트는 네 명이 기간을 정해 놓고 서로 확인하며 미션을 수행하는 방법이다. 제목과 목차를 완성하는 데 일주일, 원고를 쓰는데 2주일, 그리고 표지 만드는 데 일주일이 주어졌다.

주제는 '중년'으로 정했다. 내가 퇴직을 앞두고 새로운 시작을 고민하는 시기인 만큼 나 자신을 깊이 들여다보고 싶었다. 내 또래의 중년들에게 공감과 영감을 줄 수 있는 글을 쓰기로 했다. 제목은 독자들에게 돋보이게 하려고 '숫자 쓰기'와 '숨겨 쓰기' 방법을 활용했다. '숫자 쓰기' 방법은 예를 들어 "말로 써도 매출 10배 오르는 마케팅 글쓰기"처럼 숫자를 명시하여 독자들에게 호기심과 구체적인 행동 방법을 주는 방식이다. '숨겨 쓰기'는 "해외여행 갈 때 이것 반드시 챙기세요."처럼 궁금증을 자아내는 거다. 고민한 결과, 제목을 『중년, 그렇게 신경 쓸 일인가?』라고 정해 궁금증을 자아냈다. 부제는 '어쩌다 중년, 난 5가지는 꼭 한다.'로 했다.

가장 중요한 건 원고 쓰기다. 다행히 평소 글감을 모아 두고 꾸준히 메모해 둔 덕분에 정해진 2주 안에 원고를 쓸 수 있었다. 지우고 고치며 퇴고를 반복했다. 맞춤법 검사도 마쳤다. 표지는 책의 얼굴과 같아서 중요한 작업이다. 참고도서들을 분석한 후에 '캔바(Canva)' 이미지 생성 소프트웨어를 사용하여 표지를 직접 만들었다. 몇 가지 안 중에서 가족들이 가장 좋다고 한 이미지를 최종 선택했다.

글쓰기에 입문한 지 5개월 만에 전자책을 출간했다. 예스24, 교보, 알

라딘에 내 책이 실리다니 꿈만 같았다. 예스24 주간 베스트 eBook 에서 이 부문 3위까지 올랐다. 독자들이 읽고 정성스럽게 평을 남겨주었다. 그중에서도 진심 어린 한 독자의 글이 유독 기억에 남는다.

"열심히 살아왔던, 그래서 아름다운 중년의 이야기다. 남은 인생 2막을 준비하는 다양한 과정들도 흥미로운 부분이 많았다. 멋지게 살아왔고 앞으로도 멋진 날들을 살아갈 중년들에게 추천하고 싶다."

독자들이 남긴 한마디 한마디가 책을 쓰는 동안 찾아왔던 위장병과 두통을 눈 녹듯 사라지게 했다. 강력한 치유와 위로가 되었다. 못쓴다는 걱정과 망설임은 던져버리고, 무조건 한 줄이라도 써나가니 마침내 책이 되었다. 경험을 소중히 여기고 글로 정리하니 작가가 되었다. 책을 쓰고 나니, 나에게 많은 변화가 찾아왔다. 작은 성공을 이뤄냄으로써 더 큰 동기부여를 받았다. 더 두꺼운 종이책도 쓸 수 있다는 자신감이 생겼다. 또 글을 쓰며 다양한 관점으로 생각해 보고 뒤집어 보는 습관은 직장에서도 큰 힘이 되었다.

'나의 책'을 한 권 낸다는 것이 얼마나 큰 희열인지 모른다. 자기 이름이 새겨진 책을 한 권 낸다는 건, 그 자체로 큰 성취이자 성장의 증거다. 누구한테 자랑하려는 게 아니라, 오롯이 나 자신을 위한 의미 있는 자기 계발이기 때문이다. 요즘은 책 쓰기가 전문 작가들의 전유물이 아닌 시대다. 누구나 내 이름으로 책 한 권 꼭 내 봤으면 좋겠다. 이왕이면 직장 다닐 때.

내 책이 한 권 한 권 쌓일수록, 내 생각은 풍성해지고 깊어질 것이다. 그래서 오늘도 한 줄 쓴다. 정성껏 살아가는 이 시간이 모여, 인생 후반을 찬란하게 완성해 줄 화룡점정이 되리라 믿으며….

"난, 작가다!"

4

성장하는 동안에는 늙지 않는다

서울로 발령받은 뒤에는 지하철로 출퇴근하기로 했다. 이동하는 동안에 틈틈이 책을 읽자고 마음먹었다. 왕복 1시간 20분이다. 일주일에 책 한 권은 읽을 수 읽겠다는 생각이 들었다. 그러면 일 년에 적어도 50권, 생각만 해도 뿌듯했다. 책 한 권 손에 들고 가벼운 발걸음으로 지하철을 탔다. 그런데 책을 꺼내 보기가 어색했다. 책을 읽는 사람이 한 명도 보이지 않았다. '내가 별난 사람인가?' 책 내용이 머릿속에 들어오지 않았다. '요즘 디지털 시대에 내가 너무 뒤처진 건 아닐까?' 하는 생각도 들었다.

우리나라 국민은 1년에 몇 권의 책을 읽을까?

문화체육관광부가 발표한 '2023년 국민 독서 실태조사'에 따르면 2023년 성인 10명 가운데 6명은 책을 한 권도 읽지 않은 걸로 나타났다. 첫 실태조사가 이루어진 1994년 이래 역대 최저치라고 한다. 책을 읽지 않는 이유에 대해서는 '일 때문에 시간이 없어서', '책 이외의 매체를 이용해서'라는 응답이 높게 나타났다. 아마도 '시간이 없어서' 책을 안 읽는 이유도 퇴근 후 스마트폰과 디지털 영상 같은 매체들의 이유가 클 것이다. 디지털의 발달이 편리함과 유익한 정보를 주는 것은 사실이다. 그러나 사람들은 자극적이고 짧은 글에 익숙해져서 깊이 있는 지식과 정보를 문자로 읽기 어려워한다. 특히, 요즘 짧은 쇼츠 영상을 많이 보면서 책을 읽는 인구가 점점 줄고 있다고 한다.

같은 조사에서 초등학생 독서율은 99.8%로 나왔다. 성인 독서율 43%와 비교하면 매우 높다. 그런데 문제는 스스로 책을 찾아 읽는 독서가 아니다. 학습을 위한 목적형 독서나 부모나 교사가 시켜서 읽는 의무형 독서가 흔하다는 점이다. 그리고 학년이 높아지고 학습 부담이 늘면서 자발적 독서가 줄어든다고 한다.

요즘 '문해력'이 화두다. 글을 읽고 이해하는 능력이 떨어지면서, 문해력에 논란이 이어지고 있다. 온라인에서 화제가 되었던 내용이다. 모집 인원을 '0명'으로 표기한 공고를 올렸는데, "왜 0명 뽑는다고 하냐, 낚시 글이냐?", "사람을 뽑는 데도 예의가 있는 거다."라며 비판 댓글이 달렸다. 통상적으로 채용 공고에서 '0명'은 10명 미만의 한 자릿수 인원을 뽑는다는 의미이거늘. 며칠 전에는 "각주가 뭐예요? 처음 들어봐."라는 글이 커뮤니티를 달구며 성인의 문해력에 논란이 되기도 했다. '각주'는 글을 쓸 때, 본문을 보충하거나 쉽게 풀이한 설명을 하단에 적는 것이다.

문해력을 키우는 방법은 무엇일까?

최근 들어 많은 사람이 문해력의 위기를 실감하면서, 문해력을 키우기 위한 책이나 필사 노트 등이 잇따라 출간되고 있다. 문해력 육아서를 낸 김종원 작가는 "부모의 어휘력은 아이의 세계를 결정하기 때문에 특히 중요하다. 풍부한 어휘를 가진 아이들은 남들보다 다채로운 삶을 살 수 있을 것이다."라고 말하며, 아이의 문해력 형성을 위해 풍부한 어휘 노출과 꾸준한 독서의 중요성을 강조한다. 결국 해답은 '독서'다. 다양한 문체와 주제의 책을 꾸준히 읽다 보면, 글 속에 담긴 정보를 더 깊이 이해할 수 있게 되어 문해력 향상에 도움이 된다.

가끔 초등학교 자녀를 둔 직원들이 나에게 묻는다. "아이에게 책을 읽게 하려면 어떻게 해야 할까요?" 나는 '부모가 책을 읽어야 한다.'라고 답한다. 어른들이 아이에게 동영상을 보여주기보다는, 또 억지로 책을 읽히기보다는 먼저 부모가 책 읽는 모습을 자주 보여주는 것이 중요하다. 아이가 어렸을 때부터 부모와 함께 책 읽기를 했으면 좋겠다. 그러면, 커서도 '시발점'을 욕으로 알아듣거나, '족보'를 족발 보쌈 세트로 생각하는 황당한 일은 없지 않을까.

직장인에게도 독서는 꼭 필요하다. 꾸준히 책을 읽는 사람은 보고서부터 다르다. 생각을 조리 있게 풀어내고, 표현 하나에도 깊이가 느껴진다. 시야도 넓어지고 참신한 아이디어도 자연스레 솟아난다.

"좋은 책을 읽는다는 것은, 지난 세기 동안 가장 훌륭했던 인물들과 대화를 나누는 것과 같다."라는 르네 데카르트의 명언이 있다. 독서를 통해 시대를 뛰어넘어 위대한 사상가나 인물들의 생각과 삶을 간접적으로 경험할 수 있다는 의미다. 독서를 통해 삶의 방향성을 잡는다. 더 나은 선택을 하고 새로운 목표를 세우는 계기가 될 수 있다. 직장에서 차별화된 사람이 되고 싶고, 남들과 더 깊이 있는 대화를 나누고 싶다면 책을 가까이하는 습관을 들이길 권한다. "성장하는 동안에는 늦지 않습니다."라고 말하는 김형석 교수도 105세인 지금까지도 책을 읽고 쓰고 있지 않은가?

최근 독서대를 두 개 더 샀다. 집에 총 세 개다. 책상과 식탁, 그리고 거실에 각각 두고 언제든지 책을 볼 수 있게 한 권씩 놓아두었다. 예전에는 한 권을 끝까지 읽는 게 기본이라고 생각했다. 그러나 요즘은 여러 권을 동시에 읽는 연습을 하고 있다. 이런 방법으로 읽어 보니 책들 사이에서 생각이 연결되고 섞이면서 가끔은 놀랄 만한 아이디어가 떠오른다. 한 권을 완독해야 한다는 부담감도 줄어 괜찮은 방법이다. 책을 읽고 나면 서평을 쓴다. 서평을 써야 책의 내용이 오롯이 내 것이 된다. 매달 한 번, 독서 모임에서 책에 대한 생각을 나누다 보면 그 효과는 배가 된다. 책 속 근사한 문장을 골라, 내 경험이나 사례와 엮으면 자연스럽게 글 한 꼭지가 완성되기도 한다.

예전엔 "책 한 권이 인생을 바꾼다."라는 말을 믿지 않았다. 그런데 지금은 그 말이 결코 과장이 아니라는 걸 알게 됐다. 책은 조용히, 그러나 분명하게 사람을 바꾼다. 꾸준히 읽고, 생각하고, 실천하다 보면 어느새 기대했던 것보다 더 나은 삶 앞에 서 있는 자신을 발견하게 된다. 아무리 바빠도 하루 한 장쯤은 꼭 읽어 보자. 그 작은 습관이 언젠가 내 길을 열어줄 열쇠가 될지도 모른다. 오늘도 난 책 한 권 들고 지하철에 오른다. 어제보다 더 나은 나를 만나기 위해.

5

무한 비교의 시대를 살아가는 지혜

가끔 나도 나 자신을 모를 때가 있다.

종종 삶의 방향이 흔들린다. 어떤 날은 다른 사람을 의식하고 비교한다. 또 어떤 날은 비교에서 벗어나 나만의 중심을 지켜야겠다고 다짐한다. SNS가 일상이 된 요즘, 우리는 끝없이 타인과 자신을 비교하며 살아간다. 그 속에서 흔들리는 감정과 비교에 휩쓸리지 않으려는 마음 사이에서 줄다리기는 계속된다.

직장생활 동안에도 비교에서 벗어날 수 없었다. 성과, 승진 등 경쟁 속에서 받은 평가로 내가 조직에서 인정받고 있는지를 끊임없이 확인하며 살았다. 그걸로 열심히 살고 있다고 스스로 위로하며 합리화하곤 했다. 그러다 보니 타인의 기준과 평가에 휘둘릴 때가 많았다. 다른 사람과 비교하는 직장생활이 내 발전에 동력이 되기도 했지만, 스트레스와 열등감을 불러왔다. 옆 사람을 지나치게 신경 쓰고 비교하면서 내 흐름이 깨지고 방향을 잃기도 했다.

우체국장으로 승진한 뒤로는 눈앞의 일에 쫓기던 시간에서 조금은 벗어나 여유를 찾게 되었다. 나이 들어가며 자연스레 외부의 시선보다는 스스로에게 만족할 수 있는 삶이 더 중요하다고 느낀다. 내 안의 중심을 지켜가려는 마음이 직장에서도 일상에서도 조금씩 자리 잡아가고 있다.

그런데 가끔은 '비교'라는 못난 감정이 불쑥불쑥 떠올랐다가 사라지곤 한다. 1년 전에 명품 가방을 하나 샀다. 내가 명품이라고 알고 있는 C, D, ***똥 브랜드는 아니지만, 평소 들고 다니던 가방보다는 많이 비쌌다. 그동안 명품 가방이나 귀걸이, 목걸이 같은 장신구에 욕심이 없었다. 그런데 모임에 나온 친구들이 하나둘씩 명품을 들고 오면 살짝 신경이 쓰이곤 했다. 마침 두 아들이 첫 월급 기념으로 사주겠다고 하길래 모른 척 따라나섰다.

"사모님, 명품은 단순한 패션 아이템을 넘어 개인의 취향과 개성을 표현하죠. 특별한 자부심을 안겨줄 겁니다."라는 직원의 번드르르한 말에 가방을 집어 들었다. 그런데 시간이 지나도 이상하게 내게는 그런 자부심이 생기지 않았다. 더구나 활용도가 낮았다. 책 하나 넣기 어렵다. 왠지 나도 하나쯤은 있어야 할 것 같아 가방을 샀지만, 그저 비싼 사치품에 불과했다. 결국 옷장 공간만 차지하게 됐다. 모임에서 친구들을 만나고 돌아온 뒤, 문득 내가 너무 조급하게 샀다는 생각에 후회가 들었다.

하루 종일 단톡방에서 카톡, 카톡 알림음이 울린다. 대부분이 한 친구의 일상이다. 친구 A는 매일 동에 번쩍, 서에 번쩍한다. 오늘은 야자수 나무들이 즐비하고 파란 바다가 보이는 초원에서 골프 치는 사진을 올렸다. 그렇게 A 친구가 매일 올려도 단톡방에 있는 친구들은 아무도 반응하지 않는다. '나라도 한마디 써 줘야 하나?' 고민하던 찰나, B 친구가 한마디 썼다. "멋지다, 즐겁게 보내." 잠시 후, 문자로 응답해 주었던 B 친구로부터 내게 전화가 왔다. "걔는 어떻게 그렇게 사는 거야? 직장도 다니면서." 그 친구는 단톡방에서는 A 친구에게 긍정적인 태도를 보였지만, 속으로는 그를 부러워하고 시기하는 감정을 감추지 못했다. 친구의 성공을 대하며 의심하는 마음도 은근히 드러냈다.

비교하는 마음은 대상만 달라질 뿐, 시간이 흘러도 쉽게 사라지지 않는 애물단지인 것 같다. 아이들이 학교에 다닐 때는 다른 집 애들의 학교 성적과 어느 대학에 갔느냐에 촉각을 곤두세웠다. 지금은 재산, 자식의 성공 등과 같은 성취에 자신의 가치를 연결 짓기도 한다.

우리 모두 같다는 생각이 들었다. 남의 시선이 신경 쓰여 용도도 고려하지 않고 명품 가방을 덜컥 사버린 나. 본인의 일거수일투족을 다른 이에게 알리는 친구. 그런 친구 뒤에서 시기하는 감정을 드러내는 또 다른 친구…. 사람이라면 누구나 비교 속에서 느끼는 불안감이나 열등감을 감추고 싶어 하는 마음을 한편에 품고 있을지도 모른다. 어쩌면 그런 감정을 감추기 위해 자신을 과장하거나, 위장된 행복의 가면을 쓰고 잘 지내는 척하는 것일지도 모른다.

그렇게 사는 모습이 마치 삶에서 전부인 것처럼 느껴질 때가 있다. 하지만 끊임없이 비교하며 사는 삶은 때때로 마음을 공허하게 만든다. 중요한 건, 겉으로 보이는 타인의 삶이 결코 전부가 아닐 수 있다는 사실이다. 친구가 올린 화려한 해외여행 사진도 아껴서 모으고 모은 돈으로 어렵게 떠난 여행일 수 있다. 가끔 올리는 비싼 음식도, 친구에겐 생전 처음일 수 있다. 그런데 그게 그 친구의 일상이고 전부인 것처럼 우리는 부러워하고 비교한다. 누구라도 남편과의 다툼, 시어머니와의 갈등 같은 속상한 이야기를 SNS에 올릴 수는 없지 않은가. 결국, 편집된 타인의 삶을 보며, 온전한 내 삶과 비교하고 있는 셈이다. 우리는.

비교하는 마음은 누구에게나 자연스러운 감정일 수 있다. 하지만 진짜 중요한 건, 그 속에서도 '나의 중심'을 지키려는 꾸준한 노력이다. 행복은 남보다 앞서는 데 있는 것이 아니라, 나답게 살아가고 있는가에 달려 있으니까.

남과 비교해 지치기보다, 나만의 속도와 방향을 만들어 가라고 후배들에게도 전하고 싶다. 퇴직을 앞둔 지금, 나는 생각한다. 이제는 '무한 비교의 시대'를 지혜롭게 살아갈 내공이 더욱 필요하다고. 불쑥 올라오는 비교의 마음은 가볍게 흘려보내고, 내 삶의 기준은 내가 세우는 연습을 거듭한다. 또다시 길을 잃지 않기 위해서, 그리고 나답게 살아가기 위해서.

6

새로운 여정, 내가 그리고 싶은 사람의 모습

36년이라는 긴 직장생활의 기억들이 파노라마처럼 스쳐 지나간다. 때론 울컥했고, 때론 웃었다. 돌이켜보면 마음에 남는 날도 있었고, 서운했던 순간도 많았다. 그런데 신기하다. 힘들었던 일도 서운했던 관계도 억지로 떠올리려 애쓰지 않으면 기억 속에서 갈수록 희미해진다. 분명 그때 나한테는 너무도 선명했던 일들이었는데. 시간이 흐를수록 아픈 기억이나 힘든 경험보다, 그 시간을 견디고 극복해 낸 나의 의지가 더 의미 있게 다가온다. 그때 얻은 깨달음이 더욱 선명해지고, 그것을 바탕으로 앞으로 나아갈 힘을 스스로 만든다.

내가 글을 한 줄도 못 쓰고 있었을 때, 한 작가가 나에게 말했다.

"작가님! 직장생활 하면서 가장 힘들었던 순간을 떠올려 보세요. 아프게 했던 상사든, 동료든."

"다 잊어버렸어요. 많았는데, 그때는 엄청 힘들었는데…."

왜 없겠는가? 미웠던 사람, 마음속에서 열 번쯤은 지옥으로 보냈었다. 시간이 흐르면서 통증이 어느 정도 사라졌다. 모든 상처가 사라진 건 아니지만, 감정의 날카로움이 무뎌졌다. 그때는 깊은 상처였지만, 지금은 그저 지나간 이야기다. 아마도 내가 예전보다는 더 여유로워지고 성장했다는 증거가 아닐까 싶다. 지금의 평온과 행복이 그때의 감정보다 더 소중해졌기 때문일 것이다.

지나고 보니, 그렇게 애쓸 일도 아니었다는 생각을 해본다. 미웠던 상사도, 며칠 전 결혼식장에서 보니 이제는 그냥 머리 희끗희끗한 이웃집 아저씨로 보였다. 그런 상사와도 언젠가는 헤어지는 것을. 경쟁심에 불타오르던 동료도, 나이 드니 이제는 힘이 빠져 보였다. 예전에는 팽팽한 긴장 속에서 마주했었는데, 지금은 같은 길을 걸어온 동료로서 연대감이라고나 할까? 연민이 들었다. 한때 꽤나 날카로웠던 나 자신을 돌아보며 반성해 본다. 모든 사람을 넉넉한 마음으로, 있는 그대로 바라볼 걸….

돌아보면 사람이 가장 중요했다는 걸 깨닫게 된다. 함께 일했던 상사와 동료, 후배들 덕분에 성장할 수 있었다. 그들과의 관계 속에서 배운 것들이 쌓여 지금의 내가 되었다. 시간은 지나가고 성과도 언젠가는 잊히겠지만, 사람과의 기억은 오래도록 마음에 머물 것이다. 그래서 더 생각하게 된다. 새로운 여정을 시작하는 문턱에서, 나는 어떤 사람이 되어야 할까? 어떤 사람이 되어야 다른 사람들과 자연스러운 만남을 가질 수 있을까?

첫째, 긍정적이고 유연한 사람이 되고 싶다.

그런 사람이 되기 위한 노력과 자세는 퇴직 후 새로운 인연을 맺는 데 큰 힘이 될 거라 믿는다. 내가 그런 사람이어야 직장 밖의 사람들과 어울릴 수 있다. 후배들에게도 한 번쯤 만나고 싶은 선배로 기억되지 않을까 한다.

2년째 글쓰기 모임을 이어오고 있다. 글쓰기 모임에서 직장 밖 다양한 사람들을 만난다. 그중 일흔 살 어르신이 한 분 계신다. 나이가 적은 사람들보다 세상의 변화와 주변에 관심을 두고 새로운 지식과 경험에 도전한다. 늘 밝은 표정과 긍정적인 태도로 에너지를 준다. "글쓰기가 어려워요."라고 투덜거리는 나에게 "처음부터 잘하는 사람이 어디 있어요? 꾸준히 수업 듣고 쓰는 연습을 하니까 조금씩 늘더라고요. 나 같은 사람도 하는데 힘내요."라며 오히려 젊은 사람을 응원한다. 긍정적인 그 어르신을 보면 불평불만을 하려다가도 저절로 입을 다물게 된다. 작은 일에도 감사하고 밝은 기운을 전하는 그분을 보며, 나도 그렇게 지혜롭고 유연하게 살아가고 싶다고 생각했다. 주변에 좋은 영향을 주는 그런 사람….

둘째, 다른 사람의 생각과 경험도 존중할 줄 아는 사람이 되고 싶다.
자기 생각만 옳다고 고집을 부리는 사람은 어디에서도 환영받기 어렵다. 과거 속에 머물러 사는 사람보다는 열린 마음으로 앞으로 나아가는 사람이 되어야겠다. 상대방의 이야기에 귀 기울이고, 만날 때마다 배울 점이 있는 사람이 되고 싶다. 그런 사람이 되기 위해서는 배움을 멈추지 않고 계속 성장하려는 자세가 중요하다. 자기 계발을 멈추고 생각이 갇혀 있다면 시대 변화나 새로운 환경에도 적응하기 어렵겠지. 자주 나를 돌아봐야겠다.

셋째, '염치' 있는 사람이다.
시간이 흘러도 체면과 부끄러움을 아는 사람이 되고 싶다. 부끄러움을 안다는 것은 상대방의 입장을 배려할 줄 아는 사람이다. 지하철에서 사람들이 내리지 않았는데도 밀치고 들어가는 모습은 부끄러움을 모르는 태도다. 횡단보도에서 신호등이 바뀌기를 모두 기다리고 있는데, 독불장군처럼 건너가는 모습도 염치없는 태도다. 음식점이나 카페에서 주위 사람들을 아랑곳하지 않고 큰 소리로 떠드는 것도 부끄러움이 없는 행동이다. 모든 세대와 자연스럽게 어울리며, 나이 들어도 매력적인 사람으로 남을 수 있는 그런 사람이 되기를 소망한다. 순간순간 감사함을 표현할 줄 알고 내면의 품격을 지키며 사는 그런 사람이기를….

요즘은 젊은 후배들과 자주 어울린다. 직장생활을 하며 겪은 시행착오와 배운 점들을 자연스럽게 나눈다. 그들이 더 나은 방향으로 나아갈 수 있도록 돕는다. 때로는 나의 인적 네트워크를 활용해 그들에게 도움이 될 만한 사람을 연결해 주기도 한다. 직장뿐만 아니라 인생에 대한 고민도 함께 이야기한다. 가끔은 내 이야기도 조심스레 꺼내 보지만, 그보다 젊은 세대의 이야기에 귀 기울인다. 나의 경험과 지혜를 더해 그들의 성장을 돕는 일이, 그들에게 작지만 의미 있는 영향을 줄 수 있다고 믿는다.

7

관계를 다시 쓰다

'기분'이 참 묘하다.

똑같이 맑은 하늘인데 사무실에서 바라보는 하늘이 어제는 파랗게 보였지만, 오늘은 회색빛으로 보인다. 어떤 날은 마음이 깊이 가라앉아 아무것도 하고 싶지 않다. 그러다가도 또 어떤 날은 의욕이 넘치고 에너지가 하늘을 찌를 듯 솟구친다. 그렇다고 나에게 특별한 일이 있었던 건 아니다.

내 사무실 가까이에 기찻길이 있다. 4층 사무실에서 고개만 옆으로 돌리면 지나가는 기차가 보인다. 기차 소리는 하루 종일 나와 함께한다. 어느새 '일할 때 집중력을 높여주는 음악'이 되었다. 칙칙폭폭, 칙칙폭폭 기차의 리듬이 정겹게 들려온다. 기차가 오가는 것을 바라보며 '다들 어디 가는 걸까, 친구들과의 여행일까? 괴로워서 혼자 떠나는 여행일까?' 상상의 나래를 펼쳐 본다. 지나가는 경춘선 열차를 바라보다가, 나도 모르게 호반의 도시 춘천으로 마음속 여행을 떠나보기도 한다. 그러다 KTX에 몸을 실으면, 마음은 어느새 동해로 달린다.

그런데, 어느 날은 기차 소리가 유난히 시끄럽다. 업무에 집중할 수가 없을 정도다. 철커덕철커덕 소음으로 들린다. 기차가 정지할 때, 삑~ 삑~ 쇠를 긁는 날카로운 소리가 신경을 자극했다. 그날도 뭐 특별한 일이 있었던 건 아니다.

그런데 이상하게도, 다음날엔 어제와 똑같은 기차 소리가 다시 칙칙 폭폭 정겹게 들린다.

내 기분이 날씨처럼 매 순간순간 변한다. 이렇게 이유 없이 오락가락 하는 기분, 너무 깊게 신경 쓰지 않기로 했다. 그날그날의 감정을 민감하게 받아들이기보다, '지금은 이런 기분이구나.', '그냥 그런 날도 있는 거지.' 하고 넘겨버린다. 비 오는 날엔 우산을, 눈 오는 날엔 따뜻한 코트를 준비하듯 말이다. 내 기분의 날씨도 그냥 그러려니 받아들이니 마음이 편안해진다. 들쭉날쭉했던 기분조차 특별한 하루가 되기도 한다. 맑은 날엔 가볍게 산책할 수 있어 좋다. 비 오는 날엔 차분히 일에 집중할 수 있고, 따뜻한 커피 한 잔을 즐기며 여유를 느낄 수 있어 좋다. 어떤 감정이나 하나하나 일어나는 일에 일희일비하지 않기로 했다. 그날만 특이했던 나의 기분이 나의 태도가 되고, 나의 하루가 되고, 내 삶까지 흔들지 말아야 하니까.

어떤 날은 하루라도 빨리 퇴직해 자유로운 삶을 누리고 싶다가도, 또 어떤 날은 시간이 왜 이렇게 빨리 가는지 아쉽기만 하다. 기분도, 사람의 마음도, 모든 상황도 흘러가는 구름처럼 스쳐 지나가며 순간순간 달라진다. 그렇게 흘러가는 시간 속에서 퇴직도 삶의 자연스러운 한 과정일 뿐이다. 지금 느끼는 다양한 감정을 자연스럽게 받아들이며, 내 인생 후반을 위해 차근차근 준비해 나가려 한다.

36년 전, 설렘과 두려움으로 공직 생활을 시작했다. 첫 발령지인 강원도 화천 봉오리의 풍경이 눈에 선하다. 그동안 함께 했던 동료와 선후배들, 나누었던 이야기, 이뤄낸 성과들, 그리고 애썼던 모든 순간이 소중하다. 짧지 않았던 공직 생활은 누군가의 하루를 바꾸고 세상을 조금 더 따뜻하게 만드는 데 보탬이 되었으리라 믿는다. 국가와 국민을 위해 일해 온 시간은 내게 큰 자부심으로 남았다. 그 뿌듯함은 퇴직 후에도 오래도록 나를 지탱해 줄 것이다.

퇴직하면, 그 시작은 아마 사람들과의 관계를 새롭게 정립하는 일일 것이다. 직장에서의 관계는 대부분 업무 중심으로 형성된 경우가 많았다. 하지만, 퇴직 후에는 형식이나 필요에 따른 관계가 아니다. 개인적인 가치관과 공감으로 이어지는 관계가 많아질 거다. 단순히 필요에 의한 것이 아니라, 나의 삶과 가치에 집중하며 더 깊고 따뜻한 관계들을 새롭게 만들어 가고 싶다.

　먼저, 나 자신을 다시 돌아보고 정립하는 것이 중요하다. 그동안은 늘 성과와 평가에 얽매여 살았다. 이제는 모든 일을 완벽하게 해내려는 부담을 내려놓고 과정 자체를 즐기며 살아야 한다. 취미생활을 할 때도 '잘해야 한다.'라는 강박보다는 새로운 것을 경험하며 감사하는 마음을 가지려 한다. 자신에게 더 관대해지면 마음의 여유가 생긴다. 그러면 자연스럽게 다른 사람들과도 평화롭고 둥글둥글한 관계를 맺을 수 있을 것이다.

　다음으로, 타인과의 관계다. 퇴직 후에는 각기 다른 연령대와 더 다양한 배경의 사람들과 어울리게 된다. 과거 직장에서의 권위나 성과에 얽매이지 않고, 상대를 이해하며 조화를 이루는 태도가 중요하다. '내 경험이 절대적이다.'라는 생각보다는 다름을 받아들이는 여유를 갖는 자세다.

　가족과의 관계는 퇴직 후 가장 큰 변화의 부분이라고 생각한다. 이제는 가족에게 모든 에너지를 쏟아붓기보다, 나의 삶도 충만하게 채워야겠다. 조금은 역할을 내려놓고 나 자신을 행복하게 하는 일에 집중하며 내 삶에 더 귀 기울이고 싶다.

　남편과는 함께 즐길 수 있는 활동을 하나씩 찾아가고 있다. 올해 1월 초, 몇 명의 작가와 함께 시작한 공저가 5월에 출간되었다. 남편도 함께 했다. 글을 쓰는 동안 우리는 서로의 글을 읽어주고 피드백하며 오래된 기억들을 함께 떠올리기도 했다. 남편의 논리력과 나의 감성이 어우러지니, 글이 더욱 깔끔하고 부드럽게 완성되었다. 책이 나오던 날, 가슴이 뭉클하고 벅찼다. 남편과 함께 노력해 낸 결실은 그 어느 순간보다도 특별하고 큰 의미로 남았다. 요즘은 서로 좋은 책을 추천해 주기도 한다.

아이들도 성인이 되었으니, 예전과는 조금 다른 방식의 관계가 필요하다. '아이와 부모'에서 '어른과 어른'으로, 서로를 존중하고 응원하는 사이로 나아가고 있다. 관계는 단절되는 것이 아니라, 나이에 따라, 역할에 따라 다시 써 내려가는 것임을 새기면서….

퇴직한다고 해서 삶의 의미가 줄어드는 것은 아니다. 익숙한 환경을 벗어나 관계를 다시 정립해야 하는 변화는 분명 낯설고 두려울 수 있다. 하지만, 마냥 두려워할 일만은 아니다. 오히려 나의 삶의 중심을 다시 세우고, 가족과 친구, 이웃과의 관계를 더 깊게 다져갈 기회다. 새로운 방식으로 관계를 맺고 경험을 나눈다면, 퇴직 후의 삶은 더 만족스럽고 풍요로워진다.

8

나를 위한 리듬, 나를 위한 걸음

자동차 운전은 우리의 인생과 닮았다.

앞차를 가로질러 속도를 내어 달려도 결국 신호등 앞에 나란히 서 있게 된다. 다른 사람의 속도에 지나치게 반응해서 같이 달리다 보면 주위 풍경을 보지 못하게 된다. 인생도 결코 단순히 서두른다고 해서 반드시 더 멀리 가는 것은 아니다. 오히려 내 속도에 맞춰 묵묵히 걸어갈 때, 더 깊고 의미 있는 여정이 만들어진다.

의정부에서 근무할 때, 자동차로 출퇴근했다. 서울 집에서 사무실까지는 37km, 40분 거리다. 아침마다 이리 뛰고 저리 뛰고 출근 전쟁이다. 밥 한 숟가락 뜨고 머리 말리고, 또 한입 먹고 화장하고, 옷 갈아입고…. 몇 번을 안방과 주방으로 들락날락해야 겨우 다 먹고 나설 수 있다. 가방, 핸드폰, 외투 등 양손 가득 들고, 신발은 대충 걸친 채 까치발로 끌며 현관문을 나선다. 엘리베이터 버튼부터 누른다. 매일 아침이 그랬다. 그렇게 하루하루를 쫓기듯 살아가다 보니, 어느 순간 나조차도 내 삶의 속도를 잊고 있었다. 내가 진짜 원하는 삶의 방향이나 리듬을 잊은 채 그저 바쁘게만 살아가고 있었다.

한강 변 강변북로를 달려 구리포천고속도로에 들어섰다. 액셀을 힘껏 밟았다. '갈매 동구릉 톨게이트'를 지나 한 대의 차량이 천천히 가고 있다.

"뭐야? 바쁜데, 1차선에서."

옆 차선의 차들이 쌩쌩 달리니 앞차를 가로질러 먼저 갈 수도 없다. 몸이 저절로 핸들 쪽으로 쏠린다. 그렇다고 빨리 갈 수 있는 것도 아닌데, 마음만 앞섰다. 몇백 미터를 더 달려도 옆 차선으로 낄 수가 없다. 참을 수가 없어서 앞차를 향해 클랙슨을 울렸다. '에이, 아무리 속도제한이 100km이라도 카메라가 없는 곳에서는 좀 빨리 가지.' 요지부동이다. 클랙슨을 다시 울렸다. 1km 정도를 더 달려 겨우 옆 2차선으로 빠질 수 있었다. 속도를 냈다. 얼마 후 경고음이 울렸다. 구간단속 평균 속도인 100km를 이미 훌쩍 넘겼다. 단속 종료 지점까지는 아직 거리가 남았다고 생각하며 속도를 올렸지만, 결국 속도를 줄이지 않을 수 없었다. 브레이크를 밟았다. 90km로 줄여도 평균 속도가 줄지 않았다. 85km로 줄였다. 구간단속 종료 지점은 다가오는데 계기판의 평균 속도가 줄지 않는다. 브레이크에 더 힘을 주었다. 뒤에 오던 차가 클랙슨을 울려 댄다. 난처하고 민망했다. 겨우 구간 제한속도에 맞출 수 있었다.

휴… 동의정부 IC를 빠져나와 길게 숨을 내쉬고 건널목 신호등 앞에 섰다. 긴장을 풀고 고개를 돌리는 순간 깜짝 놀랐다. 옆에 나란히 선 차는, 내 앞에서 느리게 가던 바로 그 차였다. 느리다고 클랙슨을 누르고 조급하게 앞서갔지만, 결국 도착한 곳은 똑같은 자리였다. 운전자가 나를 쳐다보는 것만 같았다. 나도 모르게 몸을 움츠렸다. 오늘따라 신호등은 왜 이리 늦게 바뀌는지…. 그 운전자와 눈이 마주칠까 봐 반대쪽으로 시선을 돌렸다. 신호등 기다리는 40초가 마치 4시간처럼 느껴졌다. 얼굴이 화끈 달아올랐다.

앞차를 가로질러 달려도 결국 신호등 앞에서 다시 만나게 되는 것처럼, 인생에서 서두른다고 해서 항상 원하는 결과를 더 빨리 얻는 것도 아니다. 아무리 마음이 급해도 인생의 일정 부분은 자연스럽게 흘러가야 할 시간의 몫이다. 어린아이가 빨리 어른이 되고 싶어 한다고 해서 당장 어른이 되는 건 아니다. 그 사이에는 시간이 필요하고, 경험과 배움도 있어야 진짜 어른이 되는 것처럼 말이다.

직장에서도 같았다. 승진 욕심에 조급해서 무리하게 성과를 쫓다 보면 오히려 주변의 신뢰를 잃고 부작용이 발생한다. 중요한 건 조급함이 아니라, 나의 속도를 인정하고 묵묵히 실력을 쌓는 것이다. 예전에는 누가 더 빨리 승진했는지, 누구의 평가 점수가 더 높은지, 또 누구는 어떤 기회를 잡았는지, 그런 끝없는 비교와 경쟁 속에 있었다. 그러다 보니 나도 모르게 조급함에 사로잡히곤 했다. 하지만 진짜 중요한 건 따로 있었다. 주변의 신뢰를 얻으며, 내가 잘할 수 있는 분야에 집중하며 꾸준히 나아가는 것. 그게 결국 나를 성장하게 했다.

단순히 빨리 목적지에 도달하는 것보다, 그 과정에서 경험하는 순간들을 소중히 여기는 것 또한 중요하다. 여정 자체가 목적지만큼 가치 있는 경험이기 때문이다. 매일 아침 서둘러 운전하다 보니 사무실에는 늦지 않게 도착할 수 있었다. 그러나, 2년 넘도록 매일 같은 길을 달리면서, 정작 주변 풍경은 제대로 눈에 담지 못했다.

어느 날, 운전 중에 문득 차창 밖을 내다봤다. 양쪽 들판이 눈처럼 하얬다. 바로 배꽃이었다. 작년 봄에도 분명 꽃들이 피어 있었을 것이다. 처음 본 풍경처럼 낯설었다. 그동안 너무 바쁘게만 달려왔던 이유다. 멀게만 느껴지고 밋밋하기만 했던 출근길이 어느새 정겹게 다가왔다. 구리포천고속도로에서 의정부 IC로 나갈 무렵 멀리 수락산도 웅장하게 보였다. 수락산은 언제나 그 자리에 있었으리라.

그동안 앞만 보고 달려오느라 놓친 것들이 많았다. 이제는 조급해하지 않기로 했다. 누가 더 앞서가는지, 얼마나 일찍 도착했는지를 따지는 대신, 나만의 속도로 내가 선택한 길을 걸어가려 한다. 때로는 멈춰서서 숨을 고르고, 때로는 천천히 걸으며 주변의 풍경을 눈에 담으려 한다. 그렇게 나답게 걷는 그 길이야말로 내 삶의 가장 진실한 여정이 될 것이다.

"빨리 가려고 애쓰지 않아도 괜찮다. 나만의 속도로, 내가 원하는 방식대로 걸어가면 그게 가장 의미 있는 길이 된다."

> **직장생활 황금 레시피**

⑬ 선배가 점심을 살 때, 커피는 내가 사야 하나 고민된다면?

후배의 속마음: 선배가 사는 게 맞는 거 아닌가요?
선배의 속마음: 선배라는 이유로 매번 내가 사야 하나?

☞ 선배나 상사가 커피를 세 번 샀다면, 네 번째쯤엔 "이번엔 제가 커피 살게요~" 한마디, 생각보다 오래 기억된다. 커피 한 잔의 센스가 '다음에도 같이 먹자.'라는 마음을 만든다.

⑭ 휴가는 내 맘대로?

부하의 속마음: 내가 사용할 수 있는 휴가일이 있으니, 내가 가고 싶을 때 가면 되지 뭐.
상사의 속마음: 중요한 업무가 있거나 부서가 바쁠 때는 피했으면….

☞ 휴가는 당연히 보장받아야 할 권리지만, 상사와 미리 소통하는 것이 좋다. 문서 결재만 올리고 아무 말 없이 가거나, 마감 기한을 앞두고 떠나버리면 곤란하다.

⑮ **장기간 해외여행 갔다 와서 팀에 선물을 사 가야 할지 말아야 할지 고민된다면?**

부하의 속마음: 개인적인 여행인데 뭐.

상사의 속마음: 이 친구, 자리를 비운 게 미안해서 뭔가 챙겨오려나? 센스 있을지도.

☞ 옳고 그름을 논하기보다 관점의 차이다. 작은 초콜릿 정도의 성의는 미안함과 감사의 표시로 여겨질 수 있다. 자리도 여러 날 비웠었으니.

퇴근하며

후배의 길에 작은 불빛이 되기를

이 글을 쓰며 잠시 멈춰, 걸어온 길을 돌아보았습니다. 어떤 장면에선 미소가 떠올랐고, 어떤 기억 앞에선 눈시울이 붉어졌습니다. 글을 이어가기 힘들 만큼 감정이 밀려온 순간도 있었습니다. 그러나 돌이켜보면 그 모든 시간이 저를 성장시킨 귀한 배움이었습니다.

이제 그 이야기가 누군가에게 작은 위로와 용기가 될 수 있다면, 그것만으로도 충분한 의미가 있는 일이라고 믿습니다. 이 책에 담은 다섯 장의 이야기는, 단지 직장생활의 지혜를 넘어 사람들과 부딪히고 배우며 스스로를 다듬어 온 시간의 기록입니다. 직장은 일을 통해 성장하는 곳이자, 사람을 통해 나를 돌아보게 되는 삶의 무대였습니다.

최근에는 직장, 특히 공직의 현실과 고민을 담은 책을 찾기 어려웠습니다. 그래서 생각했습니다. 누군가는 이 길을 먼저 걸어본 사람의 목소리를 기다리고 있지 않을까 하고요. 후배 공무원들에게, 그리고 오늘을 살아가는 모든 직장인에게 작은 길잡이가 되는 이야기를 들려주고 싶었습니다.

직장생활을 글로 풀어내다 보니 자연스레 조언도 덧붙여졌습니다. 거창한 충고라기보다는, 함께 일하며 나누고 싶었던 진심과 경험입니다. 삶의 본질적인 가치는 시대가 바뀌어도 크게 달라지지 않는 것 같습니다. 관계의 온기, 일에 대한 태도, 사람 사이의 예의처럼, 오래된 이야기들이 여전히 유효하다고 믿습니다. 요즘 사람들도 결국 마음, 관계, 행복과 같은 본질에 관한 질문을 멈추지 않습니다. 생각해 보면, 삶의 핵심은 예나 지금이나 크게 다르지 않았던 것 같습니다.

후배들이 어떤 자리에서도 흔들림 없이 자신만의 중심을 지키고, 전문성을 쌓아가며, 일과 삶의 균형을 지켜가길 바랍니다. 그리고 무엇보다, 스스로를 소중히 여기며 배우는 일을 멈추지 않기를 바랍니다.

저는 '성공'이란 어느 날 갑자기 찾아오는 행운이 아니라, 묵묵히 버텨낸 시간과 끊임없는 노력의 결과라고 믿습니다. 무엇이든 꾸준히 이어가다 보면, 언젠가는 기대했던 것보다 더 크고 단단한 열매를 맺을 테니까요.

그러니 새로운 도전 앞에서 주저하지 마세요. 우리의 인생은 단 한 번뿐입니다. 오늘의 선택이 10년, 20년 후의 당신을 만들 것입니다.

가끔은 한 걸음 물러서서 자신을 돌아보는 여유도 필요합니다. 완벽하지 않아도 괜찮습니다. 조금 느리더라도 괜찮습니다. 자신만의 방식으로 즐겁게 걸어가세요. 우리는 누구나 그 자체로 충분히 소중한 존재입니다. 일과 사람 사이에서 방향을 잃고 흔들릴 후배들에게, 조심스럽게 이 말을 전하고 싶었습니다.

"지금도 잘하고 있어. 앞으로 더 괜찮은 사람이 될 거야."

남보다 앞서가는 것보다, 자기의 리듬을 지켜나가는 걸음이 더 오래 갑니다.

남과의 비교에 마음을 빼앗기보다는, 나에게 집중하며 꾸준히 걸어가다 보면 결국 당신만의 길에 닿게 될 것입니다.

그저, 나의 속도로, 나답게 걸어가는 것.
그 자체로도 충분히 아름다운 여정입니다.

앞으로 어떤 선택을 하든,
자신을 아끼고, 끊임없이 배우며,
사람을 향한 따뜻한 마음을 잃지 않기를 바랍니다.

이 책이 당신의 하루에 작은 쉼표가 되었기를.
그리고 다시 나아갈 힘과 방향을 건넬 수 있었기를 바랍니다.

당신의 오늘과 내일을, 진심으로 응원합니다.

2025년 6월
안은희